Relatos reales

Javier Cercas (Ibahernando, Cáceres, 1962) es profesor de literatura española en la Universidad de Gerona, Honorary Fellow de la Universidad de Oxford y profesor honorario de la Universidad Diego Portales, en Chile. Traducida a más de treinta lenguas, su obra consta de las siguientes novelas: *El móvil*, *El inquilino*, *El vientre de la ballena*, *Soldados de Salamina* (The Independent Foreign Fiction Prize, Premio Grinzane-Cavour, Premio de la Crítica de Chile, Premio Ciudad de Barcelona, Premi Llibreter, Premio Salambó, entre otros), *La velocidad de la luz* (Athens Prize for Literature, Premio Arzobispo Juan de San Clemente, Premio Fernando Lara, ex aequo), *Anatomía de un instante* (Premio Nacional de Narrativa, Premio Internacional Terenci Moix, Premio Mondello Città di Palermo, Prix Jean Moner, Premio Radovan Galonja), *Las leyes de la frontera* (Prix Méditérranée Étranger, Premio Correntes d'Escritas, Premio Mandarache), *El impostor* (Prix du Livre Europeén, Premio Internazionale Isola D'Elba, Premio Internazionale Ceppo di Pistoia, Premio Arzobispo Juan de San Clemente, Premio Taofen a la mejor novela extranjera publicada en China), *El monarca de las sombras* (Prix Malraux) y *Terra Alta* (Premio Planeta). También ha publicado libros misceláneos —*Una buena temporada*, *Relatos reales*, *La verdad de Agamenón* y *Formas de ocultarse*— y ensayos: *La obra literaria de Gonzalo Suárez* y *El punto ciego*. Ha recibido, además, diversos premios de ensayo y de periodismo, como el Francesco de Sanctis, en Italia, o el Joaquín Romero Murube y el Francisco Cerecedo, en España, así como diversos reconocimientos a toda su carrera, entre ellos el Premio EÑE, en España, el Prix Ulysse o el Prix Dialogo, en Francia, o el Premio Internazionale del Salone del Libro di Torino, el Premio Friuladria, el Premio Internazionale Città di Vigevano o el Premio Sicilia, todos ellos en Italia.

Relatos reales

JAVIER CERCAS

LITERATURA RANDOM HOUSE

Primera edición: marzo de 2020

© 2000, 2020, Javier Cercas
© 2020, Penguin Random House Grupo Editorial, S. A. U.
Travessera de Gràcia, 47-49. 08021 Barcelona

Diseño de la cubierta: © Penguin Random House Grupo Editorial
Imagen de la cubierta: © Getty Images

Penguin Random House Grupo Editorial apoya la protección del *copyright*.
El *copyright* estimula la creatividad, defiende la diversidad en el ámbito de las ideas y el conocimiento,
promueve la libre expresión y favorece una cultura viva. Gracias por comprar una edición autorizada
de este libro y por respetar las leyes del *copyright* al no reproducir, escanear ni distribuir ninguna
parte de esta obra por ningún medio sin permiso. Al hacerlo está respaldando a los autores
y permitiendo que PRHGE continúe publicando libros para todos los lectores.
Diríjase a CEDRO (Centro Español de Derechos Reprográficos, http://www.cedro.org)
si necesita fotocopiar o escanear algún fragmento de esta obra.

Printed in Spain — Impreso en España

ISBN: 978-84-397-3689-9
Depósito legal: B-483-2020

Compuesto en La Nueva Edimac, S. L.

Impreso en Egedsa
Sabadell (Barcelona)

RH 3 6 8 9 9

Penguin
Random House
Grupo Editorial

ÍNDICE

Nota a la edición de 2020 9
Prólogo 13

COSAS QUE PASAN

Kafka en Barcelona 23
En defensa propia 26
Una bella desconocida 29
Primer día de clase 32
Dominguero 35
Perder los papeles 38
Fin de curso 41
De profundis 44
Homeless 47
Contra el optimismo 50
Los inocentes 53

LOS VIVOS

Narcís Serra y un ácrata 59
Cuestiones marsistas 62
Un señor de Logroño 65
¡Viva Bolaño! 68
La importancia de ser cinéfilo 70
Los zapatos de Fred Astaire 73
Los restos de la juventud 76

Tinto y copla 79
Un día con Millás. 82
El error de Sancho Panza 85
Apología del crustáceo 88
Uno de los nuestros. 91
De generaciones 94
Una voz propia. 97
La sombra de Caín 100

LOS MUERTOS

Final del juego 105
Carlos Fuentes y los héroes 108
Una cantidad infinita de esperanza 111
Un silencio de Josep Pla. 114
El caballero de la pajarita roja 117
El último poema de Borges 119
Un secreto esencial 122
La valiente alegría de Lorca 125
El guardián de Gredos. 128

COSAS RARAS

Pascal y las caras 133
La pureza de la memoria 137
El arte de la negativa. 140
Jaspers y la felicidad 143
Portugal en el corazón 146
Noticias del paraíso 149
Un experimento peligroso 152
Solas 155
Un destino latinoamericano 158
Despedida y cierre 161

LA NOVIA PERDIDA (a modo de epílogo) 165

NOTA A LA EDICIÓN DE 2020

Éste fue para mí un libro importante. Lo empecé a escribir hacia finales de 1997 y lo terminé hacia finales de 2000, cuando ya estaba a punto de ingresar en la cuarentena. Por entonces vivía en Barcelona, daba clases de literatura en la universidad de Gerona y, aunque nunca fui un profesor que de vez en cuando escribía novelas, sino un novelista que se ganaba la vida en la universidad, no era capaz de escribir las novelas que buscaba, las abandonaba apenas empezadas o a medio escribir, o las arrojaba a la papelera una vez terminadas, avergonzado de ellas. El caso es que me sentía un escritor fracasado, suponiendo que me sintiera escritor. Fue una época triste, o así la recuerdo ahora; paradójicamente, lo que el lector puede leer a continuación son algunas de las páginas más alegres (si no más felices) que yo haya escrito.

Si éste es un libro importante para mí, lo es sobre todo porque cambió mi manera de escribir, incluida mi manera de escribir novelas. Antes de este libro yo aspiraba, me temo, a ser un escritor posmoderno, más concretamente un escritor posmoderno norteamericano; después de este libro ya sólo aspiro a ser el mejor escritor que puedo ser. Antes de este libro —y en parte como reacción contra aquello que en mi juventud todavía se llamaba «literatura comprometida», que juzgaba mediocre, aburrida y populista—, yo creía que la literatura no era útil, que era apenas un juego sofisticado, un ejercicio intelectual selecto, irónico y gozosamente superfluo; ahora sé que no hay nada más serio que la ironía y que, aunque la literatura sea un juego, es un juego en el que uno se lo juega todo; también sé que es extremadamente útil, siempre y cuando no se proponga serlo (en cuanto se lo propone, se convierte en propaganda o pedagogía y deja de ser literatura, que es lo que ocurría a menudo con la llamada «literatura comprometida»). Antes de este libro yo era, por decirlo así, un escritor de gabinete, más bien libresco, un poco claustrofóbico; sigo siéndolo –un escritor que en una u otra medida no sea esas tres cosas no es un escritor: es un escribano–, pero estas crónicas de periódico me obligaron a correr el riesgo de la intemperie, a salir a la calle y tomar notas de hechos y cosas y gente, a contrastar la escritura con la realidad, a contar historias complejas y formular complejas ideas de la manera más breve y transparente posible, a inventarme una escritura mucho más precisa, veloz, nítida y sintética que la que había practicado hasta entonces, también un tipo de relato capaz de ceñirse a lo real y de mezclar en su seno géneros distintos. Este libro se convirtió, así, en el laboratorio de *Soldados de Salamina*: no en vano escribí esa novela, que se publicó en 2001, mientras aún escribía estas crónicas; no en vano el narrador de *Soldados de Salamina* afirma que esa novela es un «relato real» (lo que no significa que lo sea, de igual modo que Cide Hamete Benengeli no es el verdadero autor del *Quijote,* por mucho que lo afirme el narrador del *Quijote*); no en vano una de estas crónicas, titulada «Un secreto esencial», está incluida en *Soldados de Salamina* y fue su germen. O, dicho de otro modo, este libro es la llave que me abrió la puerta de una literatura nueva, de una nueva manera de entender la literatura que de momento se ha cerrado con *El monarca de las sombras,* el reverso de *Soldados de Salamina.* Por eso digo que, para mí, fue un libro importante: porque gracias a él superé un bloqueo de años y dejé de sentirme un escritor fracasado, o por lo menos volví a sentirme escritor.

Quien escribe un libro nunca sabe lo que ha escrito. Cervantes pensaba al final de sus días que su mejor novela era el *Persiles,* que a nosotros nos parece casi ilegible, y Jules Renard persiguió con vehemencia el fantasma esquivo de la gran novela, pero ya sólo lo recordamos por la inteligencia y el sarcasmo de sus diarios (quizá una paradoja semejante acabe definiendo la posteridad de dos escritores tan disímiles como Witold Gombrowicz e Imre Kertész). Soy vanidoso, pero no lo suficiente para aspirar a ser leído después de muerto; me conformaría con deparar un poco de placer a los vivos. Y quién sabe si, veinte años después de su publicación, estas páginas que fueron en su momento concebidas como experimentos laterales no contengan fragmentos más agradables que otras que, porque han gozado de más suerte y son menos desconocidas, ocupan un lugar más central en mis escritos. Que el lector decida.

PRÓLOGO

Este libro reúne un puñado de crónicas. Tratan un poco de todo: de literatura, de cine, de amigos, de las cosas normales de la vida y de las cosas raras —si es que cabe distinguir entre ambas—, de algunos vivos ilustres y algunos muertos sin nombre, de esto, lo otro y lo de más allá. En este sentido, el libro acaso tolere ser leído como un dietario un tanto azaroso o desordenado, entre otras cosas porque, como en cualquier dietario, aquí se habla ante todo del *yo*. Quien elija interpretar ese rasgo como un continuado ejercicio de impudor se equivoca. No lo es; al contrario: como dice Nietzsche, «hablar mucho de uno mismo es también una forma de ocultarse». Quizá, añado yo, la menos obvia o la menos perezosa; es decir: la más literaria. Porque, casi me avergüenza aclararlo, ese *yo* no soy yo, evidentemente, suponiendo que yo sepa, y ya es suponer, quién soy. Si no ando equivocado, escribir consiste, entre otras cosas, en fabricarse una identidad, un rostro que al mismo tiempo es y no es el nuestro, igual que una máscara. De hecho, «máscara» es lo que *persona* significa en latín y, como se dice en una de estas crónicas, dedicada precisamente a una forma peculiar del dietarismo, la máscara es lo que nos oculta, pero sobre todo lo que nos revela. En mi caso, esa identidad —ese yo que soy yo y no soy yo al mismo tiempo— no es, a qué engañarnos, demasiado original: a mí me recuerda a veces al Jaimito de los chistes, un personaje que siempre me ha gustado mucho; otras (menos, por desgracia), a aquel profesor chiflado que encarnó para siempre Jerry Lewis;

siempre a un hombre normal y corriente, y por tanto un poco neurótico, como yo mismo, un hombre al que le pasan cosas normales y corrientes; o lo que viene a ser lo mismo: un hombre al que no le pasa nada mágico ni heroico ni excepcional, y quizá eso es precisamente lo que le pasa. Se me ocurre ahora que esa identidad no nació cuando empecé a escribir estas crónicas, sino un poco antes, más o menos la misma noche en que el bar Salambó, de Barcelona, celebraba los diez años de su existencia con una cuchipanda multitudinaria. Por entonces yo acababa de publicar una novela que, ya que no otros méritos, poseía a mis ojos el de cerrarse con la palabra «mierda», modesto título de gloria que sin embargo, por motivos que todavía no he logrado desentrañar, a medida que aumentaba el jolgorio de aquella noche de euforia empezó a llenarme de un orgullo desproporcionado. Recuerdo que en algún momento me lancé a persuadir a Sergi Pàmies y Lluís Maria Todó de la precaria originalidad de mi novela, que, hasta donde me alcanzaba la memoria, era la única que podía arrogarse el privilegio de terminar con esa palabra. Alguien –no sé si Pàmies o Todó– adujo fácilmente *El coronel no tiene quien le escriba*, y en vez de aceptar sin más mi derrota me empeñé en confundirles la memoria con el embuste de que la novela de García Márquez no acaba con esa palabra, sino con la palabra «coronel» («Mierda, dijo el coronel», era la interesada versión que improvisé). Fue entonces cuando, supongo que para esconder la mentira, o la desilusión, me acordé de un artículo de Onetti en el que el escritor uruguayo le reprochaba a Borges su gazmoñería, porque en vez de traducir literalmente el final de *The wild palms*, de Faulkner («Women shit!, the tall convict said»; es decir: «¡Mujeres de mierda!, dijo el penado alto»), lo había maquillado («¡Mujeres!, dijo el penado alto», reza la traducción de Borges), como si no hubiera querido ofender los oídos otoñales de las damas de la buena sociedad bonaerense, una hipótesis tanto más verosímil cuanto que alimentaba la leyenda, tal vez apócrifa –o meramente borgiana–, de que algunas traducciones alimenticias de Borges no fueron obra suya, sino de doña Leonor Azevedo, su madre. Ahora bien —proseguí yo, dejándome caer por la pendiente del entusiasmo y de mi irrefrenable propensión a la erudición chiflada, mientras notaba que se había sumado a nuestro corro un tipo de aspecto saludable y ojos fijos, que me miraba de una forma curiosa—, ahora bien, dije, aun suponiendo que fuera «mierda» la palabra con que se cierra *The wild palms*, que no lo es, el problema estriba en que en la edición inglesa que yo poseo el final no es el que Onetti atribuye a la novela, sino el que literal y acertadamente tradujo Borges —o doña Leonor Azevedo: «Women, the tall convict said». ¿Cuál era la explicación de semejante embrollo? ¿Contenía mi edición inglesa de *The wild palms* una errata descomunal? ¿Era esa hipótesis razonable, conociendo el cuidado maniático con que los anglosajones editan a sus clásicos? ¿Era la edición que manejaba Onetti la que contenía la errata? ¿O es que Onetti leyó equivocadamente el final de la novela? Pero ¿cabía esperar eso de un lector tan minucioso y que además, igual que García Márquez, se conocía a Faulkner al dedillo? ¿O acaso había en el reproche una mala fe inocente y por lo demás inconcebible en hombre de tan apasionada honestidad como Onetti, y que para colmo profesaba por Borges una devoción tan sin mácula...? Dos años más tarde aún no he logrado averiguar cuál fue el término insensato de aquella sucesión de conjeturas; tampoco sé cómo acabó la fiesta, porque no hay fiesta que se precie que se sepa cómo acaba. Lo único que sé es que, muy tarde ya en la noche, me sorprendí en plena calle, sin Pàmies y sin Todó —que hábilmente se habían escabullido horas antes—, y con la única compañía del tipo de aire saludable que seguía mirándome fijamente, y que de golpe atajó mi incontenible gesticulación de descerebrado entusiasta con las únicas palabras que recuerdo haberle oído pronunciar en toda la noche: «Oye —dijo—, y tú por qué no me escribes crónicas?».

Aquel tipo se llamaba —se llama todavía— Agustí Fancelli, y por entonces era redactor jefe en la edición catalana de

El País. Allí se publicaba —se publica todavía— una sección titulada «La Crónica», donde colaboraban unos cuantos escritores de Barcelona, entre ellos Pàmies y Todó y también Fancelli, e incluso, a poco tardar, el propietario del Salambó: Pedro Zarraluki. Desde luego, a mí me encantó la idea de escribir en esa sección, que a simple vista parecía un campo de maniobras propicio a toda clase de experimentos. Pero al día siguiente de la fiesta del Salambó, desde la quietud —porque después del entusiasmo siempre llega la quietud, cuando no cosas peores—, la oferta de Fancelli me pareció descabellada y me dio mucha vergüenza la sola idea de aceptarla; para colmo, me acordé de que los dos únicos periódicos en los que yo había colaborado con anterioridad —*Diari de Barcelona* y *El Observador*— habían acabado hundiéndose poco después de que yo empezara a escribir en ellos. Así que, haciendo de tripas corazón, opté juiciosamente por olvidarme del asunto. Sin embargo, pocas semanas después volví a tropezar con Fancelli. Fue en una librería, y apenas le vi recordé mi bochornosa actuación del Salambó y me escondí detrás de una dependienta, y ya creía haberle dado esquinazo cuando oí a mi espalda su voz inconfundible de sabueso: «Oye, ¿y tú por qué no me escribes crónicas?». Días más tarde tuvo lugar un hecho feliz e inesperado: a Guillermo Cabrera Infante le concedieron el premio Cervantes. Todo el mundo tiene sus debilidades; yo tengo muchas, y una de ellas es *Tres tristes tigres*, una novela que leí casi de adolescente y a la que he vuelto quizá más veces que a ninguna otra. El día del premio me acordé de que, un par de años atrás, yo había acompañado a Cabrera durante una visita que hizo a Gerona, con tan poca fortuna que Cabrera acabó concibiendo la sospecha de que yo era un agente de Fidel Castro enviado ex profeso desde La Habana para arruinarle su estancia en la ciudad, así que se me ocurrió que, si era capaz de contar en el espacio de una crónica esa peripecia disparatada con el mismo entusiasmo con que había contado en el Salambó mi espuria teoría acerca de las novelas que acaban con la palabra «mierda», entonces quizá Fancelli no tiraría mi escrito a la papelera en cuanto leyese la primera línea.

Fue así como empecé a escribir estas crónicas para un periódico que, por decirlo con palabras de Arcadi Espada (otro habitual de «La Crónica»), fue el mío mucho antes de que yo soñara con colaborar en él, porque también fue el primero que compré de adolescente, poco más o menos cuando leí por vez primera *Tres tristes tigres*. Como es casi natural, dado su remoto origen noctámbulo, son crónicas bastante entusiastas, y un poco descerebradas. Como es casi natural, dado su remoto origen festivo, son crónicas bastante felices y, como tales, abundan en dos facilidades: el humor y, me parece que en menor medida, un cierto sentimentalismo en sordina. La primera no requiere justificación, pero aun así me gustaría aducir las palabras que Gustav Janouch pone en boca de Kafka: «En un mundo sin Dios, el sentido del humor es casi una obligación moral»; en cuanto a la segunda, que sí la requiere, lo mejor será recurrir a John Irving: «Para el crítico moderno, cuando un escritor se arriesga a ser sentimental, ya es culpable. Pero el escritor pecará de cobardía si teme al sentimentalismo hasta el punto de evitarlo por completo [...]. Ocultar las emociones es una forma de corrección política, lo que no deja de ser una cobardía». Quizá deba añadir que, en el supuesto de que ni Kafka ni Irving –ni ningún otro de los escritores que me gustan– pudieran acudir en mi ayuda, a mi edad yo ya no debería avergonzarme demasiado de incurrir en lo que, me temo, no es más que una doble inclinación de mi temperamento.

Hay quien opina que el periodismo es un género menor, como, por cierto, lo fue la novela antes de la segunda mitad del siglo XIX. Por mi parte, no creo que haya géneros mayores o menores, sino formas mayores o menores –mejores o peores– de utilizarlos. Lo importante no es el género: lo importante es lo que se hace con él. No es infrecuente el caso del escritor que, porque carece de la capacidad de observación y de la prosa urgente del buen periodista, rebaja el periodismo a la categoría de un oficio ínfimo y fugacísimo; el caso opuesto es, al menos en mi experiencia, mucho más insólito, y uno tiende más bien a asombrarse de la incurable modestia de muchos periodistas, que acogen con secreta pero visible admiración cualquier género literario que no sea el suyo –lo que a veces les empuja a ensayarlo–, aunque tampoco ha faltado entre ellos quien, supongo que espoleado por un saludable pero arriesgado prurito de llevar la contraria por sistema, o simplemente porque carece de imaginación, se ha dedicado a denunciar las maldades de la imaginación, peligrosísima operación que, a lo que entiendo, nadie puede ejecutar sin envilecerse un poco, porque postula un grado de comunión con la realidad tan intransigente que acaba por resultar incompatible con la decencia, y puede que hasta con la cordura.* Por lo demás, y sorteando ahora el problema de la supuesta fugacidad del periodismo en relación con otros géneros en teoría más duraderos –que es un problema sobre el que habría mucho que discutir–, el inconveniente de la opinión según la cual el periodismo es un género menor es que ignora testarudamente la realidad. La realidad de la historia, quiero decir. Cualquier lector de buena fe sabe que buena parte de la mejor prosa española de este siglo se ha publicado en los periódicos, y Larra es acaso –y ustedes perdonen– nuestro mayor prosista del XIX. Algo muy parecido cabría decir de otros países y lenguas, como la catalana, que es mi otra lengua. Que los manuales de literatura al uso desdeñen entre nosotros este hecho, que registren el nombre de –digamos– Carmen Laforet, pero no el de –digamos– Julio Camba, que como prosista es muy superior a ella, es algo que debería dar qué pensar, igual que debería hacerlo la circunstancia de que Josep Pla, que fue ante todo un escritor de

---

* «Go, go, go –se lee en los *Four quartets* de Eliot–, human kind / cannot bear very much reality», y Octavio Paz ha escrito: «Hay algo terriblemente soez en la mente moderna: la gente, que tolera todo género de mentiras indignas, no soporta la existencia de la fábula».

periódicos, ocupe el lugar que le corresponde en cualquier historia de la literatura catalana, mientras que César González-Ruano, que fue un pariente próximo, aunque algo pobre, de Pla, ni siquiera figure, como Camba, en una nota a pie de página en la mayoría de los inventarios de la prosa española del siglo. Entendámonos: no se trata de reclamar para la prosa castellana de Camba o Ruano un lugar como el que merece y ocupa Pla en la catalana; tampoco, como ha hecho algún hiperbólico, de proclamar la primacía del periodismo sobre cualquier otro género literario. No. Se trata simplemente de acatar la evidencia: o el periodismo es literatura —y por tanto es tratado y leído *como tal*— o no es nada.

Literatura, pues. Y literatura mestiza. Más: gozosamente mestiza, igual que la de la novela. Porque, si no me engaño, toda buena crónica aspira a participar de una triple condición: la del poema, la del ensayo y la del relato. Más humildes —o más incapaces—, las mías renuncian de antemano a las dos primeras categorías; en sus mejores momentos, propenden tal vez a la última. De hecho, acaso puedan leerse, una a una, como relatos. Como relatos reales. No porque hablen de la realeza —qué más quisiera yo—, sino porque se ciñen a la realidad. Y aquí quizá conviene que diga una palabra sobre el título. Éste contiene casi un oxímoron, esa figura retórica que consiste en añadirle a un nombre un epíteto que parece contradecirlo. En rigor, un relato real es apenas concebible, porque todo relato, lo quiera o no, comporta un grado variable de invención; o dicho de otro modo: es imposible transcribir verbalmente la realidad sin traicionarla. Ése es otro motivo por el que no cabe imaginar una buena pieza periodística que no sea al mismo tiempo una buena pieza literaria. Pero, aunque uno haya leído con más genuina fruición literaria algunas crónicas de urgencia de ciertas etapas del Tour que determinadas novelas del día, ello por supuesto no equivale a ignorar la fundamental diferencia que separa periodismo y ficción. Todo relato parte de la realidad, pero establece una relación distinta entre lo real y lo inventado: en el relato ficticio domina esto último; en el real, lo primero. Para crear la suya propia, el relato ficticio anhela emanciparse de la realidad; el real, permanecer cosido a ella. Lo cierto es que ninguno de los dos puede satisfacer su ambición: el relato ficticio siempre mantendrá un vínculo cierto con la realidad, porque de ella nace; el relato real, puesto que está hecho con palabras, inevitablemente se independiza en parte de la realidad. Yo había ensayado algunas veces la primera operación, la de crear con palabras una realidad autónoma, ficticia, emancipada de la realidad real; por vez primera he ensayado ahora la segunda, y con idéntica suerte. No importa: después de todo, uno no viaja para llegar, sino para disfrutar del viaje. Yo he disfrutado del mío. El resultado es este puñado de crónicas. Ha pasado algún tiempo desde que aparecieron en el periódico, pero apenas las he corregido; no valía la pena. Son lo que son y no pretenden ser otra cosa. Coleridge le reprochó a Woodsworth que antepusiera un prólogo –por otra parte memorable– a sus *Lyrical ballads*, porque ese texto polémico podía estropearle al lector la emoción inmediata de la poesía. Yo sé bien que este prólogo mío no es precisamente memorable –y ni siquiera polémico–, y mucho me temo que con estas crónicas no pueda aspirar a emocionar a nadie. En realidad, voy que ardo si consigo entretener un rato. Es verdad que me divertí mucho escribiéndolas, y que me daría por satisfecho si consiguiera transmitirle a algún lector un poco de esa alegría. Sea como fuere, estoy tranquilo, porque he hecho lo que he podido por conseguirlo; también sé que Fortuna –como en el verso de Lope– ha hecho lo que ha querido.

Palau-sacosta, agosto de 1999

COSAS QUE PASAN

KAFKA EN BARCELONA

Decidido a pasar el mes de agosto en Barcelona, trabajando en mi novela y disfrutando de esa ciudad feliz y deshabitada que pregona el Ayuntamiento, empaqueto a mi mujer y a mi hijo y los mando en tren a la playa, a bregar con las incomodidades del sol y el mar y los turistas, y con las estrecheces de un apartamento minúsculo. Al llegar a mi casa, leo en la prensa dos artículos que anuncian la muerte de la novela, pero me acuerdo del prestigio memo de que gozan entre los intelectuales las profecías apocalípticas y me tranquilizo bastante. Apenas me pongo a trabajar suena el teléfono. Es mi casero, que me llama para renovar el contrato de alquiler de mi piso. «Pero como durante estos cuatro años no he sumado a su alquiler el IPC anual —añade—, ahora tengo que subírselo de golpe». Me dice que tengo que pagar ocho mil pesetas mensuales más de las que ahora pago. Estupefacto, cuelgo el teléfono y, como soy un ciudadano consciente de sus derechos, llamo a un amigo abogado. «Es un abuso», me dice. Convencido de que me va a ofrecer una alternativa al desahucio, le pregunto qué hago. «Pon un pleito —me contesta—. Lo ganarás. El problema es que te va a costar más dinero poner el pleito que pagar religiosamente las ocho mil pesetas.» Cuelgo, pero en vez de dejarme derrotar por la adversidad me pongo a trabajar en mi novela. A las cinco de la tarde salgo de mi despacho sin haber escrito una sola línea, aunque pensando también que, si soy incapaz de escribir mi novela, siempre puedo dedicarme a decretar que la novela está muerta.

Para levantarme la moral, decido ir al cine, a ver alguna simpática comedia de verano. En la acera, frente a mi casa, me encuentro con un triángulo de color naranja donde el Ayuntamiento me anuncia que la grúa se ha llevado mi coche. Miro a un lado y a otro, en busca de una señal de prohibido aparcar: nada; cuando ya estoy a punto de liarme a patadas con una farola, veo, oculta tras las frondosas ramas de un árbol, una señal de carga y descarga. Le pido a un taxista que me lleve al depósito de la Vall d'Hebron. El taxista debe de verme muy mal, porque trata de consolarme. «No se preocupe —me dice—. Eso le pasa a todo el mundo. Se pagan las catorce mil pesetas de la grúa y ya está.» «Catorce mil pesetas», pienso, mientras circulamos por una sofocante desolación de calles vacías. En el depósito, después de teclear un rato en el ordenador, un empleado muy sonriente me entrega una factura. «Son veintiocho mil pesetas —me dice—. Las catorce mil de la grúa más otras dos mil por cada día que el coche ha permanecido en el depósito. ¿Le ocurre algo?» Para no desmayarme, empiezo a gritar: le digo al empleado que yo conozco mis derechos, que el hecho de que el Ayuntamiento le arrebate a uno su coche es un atentado contra la propiedad privada, un derecho consagrado por la Constitución, y que el colmo es que, encima de transgredir un principio legal, te obliguen a pagar por mantener el coche secuestrado; fuera de mí, le amenazo con poner un pleito. «Póngalo —me contesta, mientras por un momento me asalta la certeza de estar encerrado en una pesadilla—. Lo ganará. El problema es que le va a costar más dinero poner el pleito que pagar religiosamente las veintiocho mil pesetas.» Trato de pagar religiosamente, pero no puedo: el crédito de la Visa no da más de sí. Angustiadísimo, bajo en autobús hacia la ciudad y, en un último arrebato de optimismo, entro en el primer multicine que veo, pero me ofusco y me meto en la película equivocada, que no es una simpática comedia de verano sino un drama atroz de Alfred Hitchcock que se titula *Falso culpable* y cuenta la historia de un pobre hombre a quien destrozan la vida acusándole de un crimen que no ha cometido, aunque cuando me doy cuenta de mi error ya es tarde, porque he oído la frase decisiva («Quien es inocente no tiene nada que temer —dice un policía—. Sólo tiene algo que temer quien ha hecho algo malo»), una frase que me provoca un ataque de pánico porque me recuerda todas las cosas malas que he hecho en mi vida y todas las cosas que tengo que temer, así que me levanto y salgo del cine y me empaqueto en el último tren que va a la playa donde están mi mujer y mi hijo, dispuesto a bregar como sea con el mar y el sol y los turistas y hasta con las estrecheces de mi minúsculo apartamento, y dispuesto a confesarle a mi mujer que me he ido de Barcelona sin coche y sin maletas y sin Visa y casi sin casa para olvidarme durante un mes del sofoco amenazante de la ciudad vacía, y también de mi novela que agoniza, dispuesto a confesárselo todo con tal de no confesarle la verdad. Que tengo miedo.

EN DEFENSA PROPIA

Todo el mundo sabe que la ciudad es una jungla, pero yo no he acabado de admitirlo hasta que me he convertido en un padre responsable. Uno pasa por la guardería a recoger a su hijo y, después de esquivar de milagro a los tarados que circulan por las calles de Barcelona como si fueran las pistas del circuito de Le Mans, llega al parque. En teoría un parque es un sitio apacible y seguro, donde un padre responsable puede descansar; la realidad es muy distinta: hay que evitar que las criaturas se rompan la crisma en columpios diseñados por admiradores de Pinito del Oro; hay que protegerlas de la vesania de las demás criaturas y de la amabilidad del hombre de los caramelos, que acecha a prudente distancia, con las manos hundidas en los bolsillos de los pantalones. ¿Y qué decir de esos caballitos en apariencia inocentes que por cualquier avería mecánica pueden volverse locos y ponerse a dar vueltas a velocidad de vértigo, centrifugando a todos sus ocupantes?

Pero lo peor es lo de los perros. Yo no sé si ustedes se habrán fijado, pero las calles de Barcelona están sembradas de excrementos de perros; de los parques ni les cuento: el otro día vi a un niño llevándose a la boca un zurullo en forma de puro, que sin duda había confundido con un Tigretón de chocolate. Claro que eso no tiene la menor importancia comparado con el hecho evidente de que los perros son animales peligrosos: no pasa un solo año sin que la prensa traiga la noticia de un niño que ha sido agredido por uno de ellos; en Gran Bretaña, uno de cada tres niños en edad escolar ha sido atacado alguna vez por algún perro. Hace unos días comprendí que a mi hijo le había llegado su turno cuando, desde el otro lado del parque, un descomunal pastor alemán negro arrancó a correr hacia él, mientras el amo lanzaba un alarido espantoso: «¡Deténte, Satán!». Sabiendo que iba a ganarme la palma del martirio, me interpuse entre mi hijo y la bestia, cerré los ojos y traté de rezar, pero no me salió; ocurrió, sin embargo, el prodigio: el amo cazó al perro, a duras penas lo sujetó y le puso un bozal y, mientras se lo llevaba a rastras, me gritó: «Disculpe. Sólo quería jugar».

Harto de llegar a casa agotado y taquicárdico, decidí no volver al parque, hasta que hace unos días un amigo me habló de un aparato que sirve para ahuyentar perros. Incrédulo, pero también consciente de que por fin podía escribir una crónica de alguna utilidad, y no una mera chifladura, decido informarme. El aparato, en efecto, existe. El mío tiene un nombre estupendo: Radarcan; cuesta menos de seis mil pesetas. Se trata de una cajita de unos trece centímetros de longitud y unos cuatro de anchura, provista de un interruptor rojo que, al ser presionado, emite un sonido imperceptible para el oído humano, pero tan molesto para el de un perro que lo obliga a huir. Nada más salir de la tienda de material eléctrico donde acabo de comprar mi Radarcan, me acerco al parque para comprobar si funciona. Después de dar vueltas durante un rato, buscando en vano un perro sin amo (no vaya a ser que se tome a mal el experimento), empiezo a observar que la gente me mira de forma rara, y entonces comprendo que, con el Radarcan abultándome en el bolsillo y acechando en todas direcciones, soy el vivo retrato del hombre de los caramelos. Al salir del parque veo a un perrazo dormido en la acera. Miro a izquierda y derecha: nadie. Apunto al perro con el aparato y aprieto el interruptor rojo. El perro se despierta de golpe y, con cara de querer saltarme a la yugular, se lanza hacia mí, y cuando ya estoy a punto de echar a correr, recapacito y decido jugármela: vuelvo a apuntar al perro y a apretar el interruptor. El perro se detiene, retrocede. Muy feliz, y sin sentirme en absoluto culpable, regreso a casa. En el portal, llevado por la euforia, no puedo resistir la tentación de probar por última vez el aparato con el perrito faldero de una vecina. El perrito da un salto y la vecina, muy enfadada, me pide una explicación. «Disculpe —le digo, sonriendo sin crueldad—. Sólo quería jugar.»

Desde ese día vivo más tranquilo. Todo el mundo lo ha notado; también mi mujer: por eso me ha propuesto tener otro hijo. Yo le contesto que ya me gustaría a mí, pero que piense en los automovilistas salvajes, los columpios homicidas, los caballitos enloquecidos y el hombre de los caramelos, que piense en todo eso y me diga cuál debe ser la actitud de un padre responsable. Que me lo diga.

UNA BELLA DESCONOCIDA

En una película de cuyo nombre no puedo acordarme, Tyrone Power se sienta en un tren frente a una bella desconocida que está enfrascada en la lectura de una novela: la novela la ha escrito él; la bella desconocida es Gene Tierney. Encantado de la coincidencia, Power le pregunta: «¿Te gusta?». Ella alarga los labios en una sonrisa dulcísima: «Mucho». A mí me parece que ése es el sueño de cualquier escritor. Ahora bien: ¿siguen leyendo hoy las bellas desconocidas? Y en ese caso, ¿leen novelas o qué es lo que leen? Y los hombres, ¿qué es lo que leen ellos? ¿Es distinto lo que leen los hombres de lo que leen las mujeres? En busca de una respuesta, armado de toda mi ingenuidad, de mi bolígrafo y mi libreta de cronista, me meto en el metro a una hora punta.

Son las ocho de la mañana; estoy en la estación de Hospital de Sant Pau. Entro en un vagón; al pronto no veo a nadie leyendo y me digo que voy a tenerme que comer con patatas mi crónica científica, pero en seguida distingo a un caballero leyendo las páginas de economía de *La Vanguardia*; más allá, un tipo lee *Marca*. Al fondo del vagón, dos mujeres leen sendos libros; me acerco a ellas, apunto el título de los libros: *La mujer de piedra*, de Ruth Rendell, y *Las aventuras del capitán Alatriste*, de Pérez-Reverte. En Sagrada Familia, bajo de mi vagón y me meto en el siguiente: una bella desconocida lee *Lecturas*; otra bella desconocida lee *Orient, Occident*, de Maria de la Pau Janer; una tercera desconocida —no tan bella— me mira mal cuando me ve retorcer el cuello tratando de averiguar el título de la novela de Ken Follett que está leyendo, mientras un tipo levanta la vista de *El Mundo Deportivo* para reírse de mí. En Verdaguer bajo de mi vagón y me meto en el siguiente: un veinteañero lee una revista de divulgación científica; una inconfundible secretaria lee *Las aventuras del capitán Alatriste*; una señora de edad avanzada lee *Beatriz y los cuerpos celestes*, de Lucía Etxebarría; al fondo del vagón una bella desconocida lee *El País*. Mientras me acerco a ella, intrigado por la sonrisa dulcísima que le dibujan los labios, con el corazón en la boca me pregunto si habrán publicado hoy mi crónica, pero cuando compruebo de quién es la crónica que está leyendo, todo el resentimiento que venía incubando contra Pérez-Reverte se me vuelca en Agustí Fancelli. Bajo en Diagonal, camino hasta la línea 3, entro en un vagón: frente a mí, un tipo de unos treinta años, con aire de persona simpática, se aguanta la risa mientras lee un grueso volumen. «Por fin —pienso, convencido de que está leyendo algo de John Irving, de Bioy Casares, de Evelyn Waugh—. Mi semejante, mi hermano.» Pero me equivoco otra vez: lo que está leyendo es *Crimen y castigo*, y cuando levanta la vista y me mira desde unos ojos de oligofrénico me pongo a observar con fijeza el techo del vagón y a silbar una canción tirolesa, y en cuanto se detiene el metro salgo disparado a la calle con la conciencia de haber superado un peligro real.

Mientras regreso en taxi a casa me digo que voy a tener que comerme con patatas mi crónica científica, porque del viaje en metro soy incapaz de sacar una conclusión que traspase los límites de la obviedad, como por ejemplo que, aparte de cuatro peligrosos oligofrénicos, las mujeres son las únicas que leen novelas en este país y que por eso son más prácticas y más inteligentes, más generosas y más interesantes que los hombres. Pero cuando llego a mi casa me obligo a sentarme al ordenador —porque un cronista, por ingenuo que sea, también tiene que comer—, así que se me ocurre empezar a escribir sobre una película de cuyo nombre sigo sin poder acordarme, aunque ahora que estoy acabando esta crónica que no sé cómo acabar me acuerdo de que en ella Gene Tierney y Tyrone Power, después de su encuentro inesperado, se casaban, y sobre todo de que Gene Tierney terminaba convirtiendo el sueño del escritor que era Tyrone Power –que es el sueño de cualquier escritor– en una pesadilla. Pero ni siquiera esa perspectiva me impide soñar que el día en que se publique esta crónica me atreveré a meterme en el metro y a buscar a una bella desconocida enfrascada en su lectura, y que la encontraré, claro, y que le preguntaré cuando haya acabado de leerla, «¿Te ha gustado?», mientras ella alarga los labios en una sonrisa dulcísima que me reconcilia de golpe con Pérez-Reverte y hasta con Fancelli –que después de todo no tienen ninguna culpa de ser dos buenos escritores– y contesta: «Mucho». Y punto, que es como acaba una crónica quien no sabe cómo acabar una crónica.

PRIMER DÍA DE CLASE

Yo no sé lo que opinarán los pedagogos, pero a mí me parece que el primer día de clase es siempre traumático. Me refiero al primer día de nuestra vida en que entramos en una clase. Este cronista, por lo menos, no lo ha olvidado. Debía de estar nerviosísimo, porque, aunque siempre fui un niño obediente y nada revoltoso, le partí literalmente la cara a uno de mis compañeros, y las monjas dominicas me pusieron unas orejas de burro y me mandaron a una de las clases de las niñas. Más tarde aquel chico y yo nos hicimos bastante amigos; de hecho, todavía nos saludamos, aunque a veces tengo la sospecha de que él tampoco ha olvidado el episodio. Ignoro si me habrá perdonado; lo cierto es que me sonríe de una forma rara desde que trabaja como juez de instrucción en el Juzgado de Gerona. Yo estoy tranquilo, pero procuro portarme como un ciudadano sin tacha, porque la sola perspectiva de tener a mi antiguo compañero al otro lado del estrado de un tribunal me afloja las piernas.

El lunes pasado mi hijo entró por primera vez en su vida en una clase, en compañía de otros veinticuatro niños. Días antes, en una reunión, la tutora, la señorita Paquita, nos pidió que ese primer día los padres nos quedáramos en la clase con ellos; también trató de tranquilizarnos. Dudo mucho que lo consiguiera, porque el lunes, apenas entro en el aula, advierto que el resto de los padres tiene cara de haber dormido tan mal como yo. De inmediato se forma un barullo fenomenal; no lo organizan los niños, sino los padres, que a grito pelado tratamos de obligar a las criaturas a jugar. La señorita Paquita intenta en vano imponer un poco de cordura. Como es natural, los niños sólo se ponen a jugar cuando les viene en gana. Mi hijo, por ejemplo, después de inspeccionar durante un rato el aula sale al patio y elige un coche bastante destartalado, y ya está a punto de montarse en él cuando otros dos niños se encaprichan del mismo coche; los tres padres nos acercamos y, con una sonrisa hipócrita –porque lo que en el fondo queremos es que sea nuestro hijo quien se quede con el coche– les decimos que tienen que aprender a compartir los juguetes y les animamos a que elijan un coche mejor. Ninguno de los tres niños atiende a razones; hay un inicio de tangana. Mientras esquivo una patada en la espinilla, compruebo con horror que uno de los niños –rubio y rosado– tiene una cara inconfundible de futuro juez de instrucción, así que de un tirón saco a mi hijo de la pelea y consigo distraerlo con una pelota. Chutamos un rato de un extremo al otro del patio, pero yo me entusiasmo demasiado y de un punterazo estoy a punto de hacer añicos uno de los ventanales del aula. La señorita Paquita me mira con la misma cara con que me miraron las niñas de las dominicas, hace un montón de años, cuando entré en su clase con unas orejas de burro en la cabeza. Dejamos el balón y entramos en la clase. Por un momento parece que se ha hecho la paz. Los niños juegan cada uno por su lado; los padres nos arremolinamos en torno a la señorita Paquita, que reparte sonrisas y consejos y turnos de palabra. Abriéndome paso a codazos, consigo por fin hablar a solas con ella; luego lo hace una madre joven y muy guapa, que no puede contener las lágrimas. La señorita Paquita la consuela, le dice que el primer día de clase es peor para los padres que para los niños; yo no sé lo que opinarán los pedagogos, pero a mí me parece que a la señorita Paquita no le falta razón.

Una hora después el aula está casi vacía. Le digo a mi hijo que tenemos que irnos; él me dice que no quiere. Yo insisto, pero al final no me queda más remedio que cogerle en brazos y arrastrarle pataleando hasta casa. El berrinche le deja exhausto, así que apenas llegamos come y se queda dormido. Resoplo aliviado: «Mañana será otro día». Mañana es hoy. Son las doce de la mañana del martes. A las nueve he dejado a mi hijo en la escuela. Solo. Mi mujer acaba de ir a buscarlo; deben de estar a punto de llegar. La verdad es que estoy nerviosísimo, porque sé que, digan lo que digan los pedagogos, el primer día ha pasado algo y, aunque también sé que a la señorita Paquita jamás se le ocurriría ponerle a ningún niño unas orejas de burro, esta mañana le rogué a mi hijo –por lo demás un chico obediente y nada revoltoso– que, si no podía evitar partirle la cara a algún compañero de clase, por lo menos no se la partiera a ese niño rubio y rosado con quien se peleó ayer por el coche. Dudo que me haya hecho caso.

DOMINGUERO

Como uno aspira ante todo a ser un hijo ejemplar, el domingo me pongo mi camisa floreada, cojo a mi mujer y a mi hijo, los meto en mi bólido, pongo mi canción favorita de Luis Aguilé («Es una lata el trabajar, / todos los días te tienes que levantar, / y aparte de eso, gracias a Dios, / la vida pasa felizmente si hay amor») y en un periquete me planto en casa de mis padres, en Gerona. Allí paso un día agradabilísimo, mintiendo como una bestia. Cuando mi madre me pregunta cómo estoy de salud, le respondo con una tos de minero que estoy que me salgo; cuando me pregunta cómo me va el trabajo, le respondo que tener éxito es muy duro; cuando me pregunta cómo ando de dinero, le contesto: «Estoy forrado». «Entonces —me dice—, ¿por qué en vez de andar por ahí con un Volkswagen tercermundista no te compras un coche decente?» A las siete y media de la tarde, harto de soltar mentiras y de encajar consejos, y con el tiempo justo para ver el Francia-Brasil vestido con mi uniforme de Rivaldo, emprendo el viaje de regreso después de que mi madre intente retenernos con la excusa de las caravanas que se forman en la autopista.

En la autopista, a la altura de Hostalric, ya se ha formado la caravana. Como cada vez que me deprimo, pienso en Jean-Paul Sartre: «El infierno son los otros». A mi lado, un tipo de mostacho y camiseta de tiras conduce un coche atestado de niños. «Dominguero», pienso con suficiencia. Como veo que en el carril central se circula con más rapidez que en el mío, me meto en el carril central; luego me doy cuenta de que en el tercer carril se circula con más rapidez y me meto en el tercer carril, pero apenas empiezo a circular por él comprendo que en realidad el carril por el que se circula más rápido es el primero. En ese momento descubro la primera ley de toda caravana: «Circules por el carril que circules, el tuyo siempre será el más lento». La caravana se detiene. Atasco total. Entonces mi hijo me pregunta por qué se ha formado la caravana y yo, como ante todo aspiro a ser un padre ejemplar, le contesto que porque la gente sale en busca de un día de merecido descanso. Mi hijo me pregunta entonces por qué la gente sale en busca de un día de merecido descanso y yo le contesto que porque es una lata el trabajar. Me pregunta que por qué es una lata el trabajar y yo le contesto que porque todos los días te tienes que levantar. Me pregunta que por qué todos los días te tienes que levantar y yo, que he empezado a pensar en lo injustos que somos con los infanticidas, le contesto que para pagar la guardería. Entonces me pregunta por qué hay que pagar la guardería. «¡Para que no des la lata, joder!», le ladro. Mi hijo se pone a llorar; mi mujer lo consuela y me mira con odio. Presa de un horroroso ataque de culpabilidad, llego por fin al peaje de La Roca. Meto la tarjeta de crédito en la máquina del peaje, que la escupe sin levantar la barrera; vuelvo a meter la tarjeta y la máquina vuelve a devolvérmela. «Sólo me faltabas tú, bandarra», pienso, y salgo del coche dispuesto a cepillarme la asquerosa máquina, pero llega a tiempo un empleado de la autopista, que mete en la máquina el tíquet de la autopista junto con la tarjeta y consigue que se abra la barrera del peaje. De reojo miro al coche que espera su turno y veo aparecer por la ventanilla al tipo del mostacho y la camiseta de tiras gritándome: «¡Dominguero!». Entonces me acuerdo de Jean-Paul Sartre, que siempre se equivocaba, y descubro la segunda ley de la caravana: «Los domingueros son *siempre* los otros».

Una hora más tarde entro en mi casa. En el contestador automático hay dos recados; ninguno de los dos es la fantástica oferta de trabajo que algún día me harán: son de mi madre, preocupada porque aún no hemos llegado a casa. La llamo. Me pregunta si nos ha retenido la caravana; le digo que qué va, que lo que pasa es que nos hemos quedado a cenar en un restaurante de lujo. Tratando de levantarme la moral, me quito la camisa floreada, me pongo mi uniforme de Rivaldo y enciendo la tele. Francia-Brasil: 3-0. Completamente hundido, le doy un beso de buenas noches a mi hijo, apiadándome de él porque también él querrá algún día ser un hijo ejemplar, y luego me arrastro como puedo hasta la cama, tosiendo como un minero y pensando que mañana es lunes y hay que volver a la misma repugnante oficina, a trabajar, cosa que es una lata, como muy bien sabía Luis Aguilé –quien, a diferencia de Sartre, siempre tiene razón–, aunque pensando también, mientras mi mujer me ayuda a quitarme la desolación y el uniforme de Rivaldo, que aparte de eso, gracias a Dios, la vida pasa felizmente si hay amor.

PERDER LOS PAPELES

Todo el mundo tiene sus pesadillas. La de cualquiera que haya hecho la mili consiste en que recibe una carta en la que se le comunica que, por un error burocrático, se le licenció antes de tiempo y que por tanto tiene que regresar al cuartel. La del actor es que se queda en blanco en medio de la representación. La del conferenciante es que, justo en el momento en que se sienta tras la mesa y enfrenta un puñado de ojos expectantes, advierte que ha perdido los papeles de la conferencia. No conozco a nadie a quien licenciaran antes de tiempo en la mili y haya tenido que volver al cuartel; tampoco a ningún actor que se haya quedado en blanco. En cuanto a los conferenciantes, la cosa cambia.

Hace un par de décadas. En Buenos Aires. Dámaso Alonso se dispone a pronunciar una conferencia sobre Quevedo. Se sienta tras la mesa y saca de su cartera los folios de la conferencia, pero les echa un vistazo y advierte que no contienen el texto sobre Quevedo sino un texto sobre la picaresca. Entonces levanta la vista y, sin un temblor, suelta: «Señoras y señores: hoy no me apetece hablar sobre Quevedo; hablaré sobre la picaresca».

Hace un par de años. En Alcalá de Henares. El día anterior, Enrique Vila-Matas ha perdido la maleta que contiene la conferencia que debe pronunciar en un congreso. Ahora, sin papeles y con una barba de dos días, mira a la audiencia. Aterrorizado. A continuación empieza a hablar sobre el hecho de que ha perdido la maleta y la conferencia, y sigue hablando aterrorizado, diciendo que escribir consiste sobre todo en perder, no sólo en perder países o en perder ciudades, también en perder carteras y sobre todo en perder los papeles, y luego habla de *El hombre que se perdió*, de Francesc Trabal, y cuenta una anécdota de Bryce Echenique, que despertó de golpe de la somnolencia de una mesa redonda cuando oyó anunciarse la intervención de Manuel Alvar: «¡Eso, eso, al bar! –gritó Bryce–. ¡Al bar!». Un amigo que asistió a la conferencia asegura que, cuando se acabó, la gente estaba convencida de que Vila-Matas no había perdido ni la cartera ni los papeles, porque todo era pura estrategia de conferenciante.

Hace un par de meses. En Barcelona. Un amigo me llama para que hable un lunes sobre Augusto Monterroso. Le digo que no puedo, porque el martes tengo que hablar sobre Jonathan Coe, y dos charlas en dos días es más de lo que el charlista más desvergonzado tiene derecho a perpetrar. Pero mi amigo insiste, y acabo aceptando. El lunes voy a la Universidad Central, donde hablo de Monterroso. El martes voy al Instituto Británico, para hablar de Coe. Faltan quince minutos para que empiece la charla. Camino por Muntaner. En ese momento se me ocurre un chiste con el que empezar la charla, y saco del bolsillo mis notas. Entonces compruebo que no son las notas sobre Coe: son las notas sobre Monterroso. En un vertiginoso instante de pánico (el poco juicio que me queda me alcanza para comprender que a esa hora de atascos es casi imposible llegar con un taxi a mi casa y volver a tiempo para el acto), busco una solución desesperada. Me acuerdo de Dámaso Alonso y me pregunto qué tal quedaría si llegara al Británico y le soltara a la audiencia: «Señoras y señores, hoy no me apetece hablar sobre Jonathan Coe; hablaré sobre Augusto Monterroso», pero ahí mismo me asalta la sospecha espantosa de que Monterroso esté entre el público y me imagino la cara de Coe y de los británicos del Británico mientras yo diserto sobre el autor guatemalteco, y me digo que lo mejor es dejarlo. Busco otras soluciones: nada. Así que opto por intentar lo imposible. Paro un taxi y le digo al conductor que tiene diez minutos para llevarme a mi casa y traerme de vuelta al Británico. El conductor me mira con perplejidad, pero la perplejidad se trueca de inmediato en una alegría salvaje, y comprendo que este hombre se ha pasado la vida esperando esta oportunidad. Arrancamos. El taxista se salta tres semáforos en rojo, hace cinco adelantamientos suicidas, se sube un par de veces a la acera. Veinte minutos más tarde estamos otra vez en el Británico. Tratando de dominar la taquicardia, me siento a la mesa de conferencias, y mientras enfrento el puñado de ojos expectantes y británicos me entran unas ganas desatinadas de hablar de Trabal y de Bryce y de decir que he perdido las notas que había escrito sobre Coe y que la literatura –también la de Coe– consiste en perder, en perder países y ciudades y sobre todo en perder los papeles. Pero me reprimo y no lo hago. No lo hago porque sé que eso equivaldría a meterse en una pesadilla. Otra.

FIN DE CURSO

El curso académico toca a su fin. El momento es, por una parte, de alivio; de pánico por otra. De alivio porque dentro de poco se acabarán las clases; de pánico porque, cuando acaben las clases, empezarán los exámenes. Todos tendemos a olvidar con facilidad, pero yo no creo que a nadie se le vaya a olvidar nunca el temor y la angustia que experimentaba al ir a examinarse. En mi época la ceremonia solía empezar el día anterior. Uno, que andaba más cerca de los diez que de los veinte años y que era un chico más bien aplicado, se quedaba en su casa a estudiar, quizá por hábito, o porque pensaba que estudiando podía aprender algo importante, y al día siguiente oía con una mezcla de envidia y aprensión los relatos de gente que se había reunido a estudiar y había acabado envuelta en una orgía de pastillas y alcohol y sexo y nerviosismo. (A esa práctica salvaje se la llamaba *nit d'estudi*.) Pero llegaba la hora de la verdad y en un aula como un horno se nos entregaba el examen y empezábamos a escribir vigilados por profesores que se emboscaban detrás de libros descomunales. En mi colegio los profesores, que a uno le parecían gente invulnerable, vacilaban entre el sadismo y la compasión. Recuerdo que el más sádico nos hacía subir al estrado y, después de humillarnos con nuestra ignorancia, sentenciaba: «Como soy muy benevolente y compasivo te pondré un… uno». (Este individuo vivía en un estado permanente de cólera bíblica; su grito favorito era: «¡En esta clase no va a aprobar ni Dios!». Un día, después de oír por enésima vez la amenaza, mi compañero de pupitre fue expulsado de la clase por soltar en voz alta: «Jesucristo: cuatro coma cinco».) Recuerdo que el más compasivo, que se llamaba Cortés y enseñaba biología, la víspera del examen casi nos anunciaba las preguntas que iba a poner; un día mi compañero de pupitre le preguntó si iba a preguntar los lipoides. «De los lipoides no os preocupoides», dijo. (Antes de cualquier examen este buen hombre nos aconsejaba siempre: «Lo breve, si breve, dos veces breve».) Los profesores variaban mucho, ya digo, pero nuestra sensación al acabar un examen era casi siempre la misma: de alivio, desde luego, pero también de decepción, porque uno no podía ahorrarse la certidumbre secreta de no haber aprendido nada de verdad importante.

De todo eso hace ya mucho tiempo, pero sigo sin poder olvidar el temor y la angustia de los exámenes, entre otras cosas porque ahora soy yo quien los pone. Cuando lo hago me acuerdo siempre de mi compañero de pupitre, del que no he vuelto a saber nada, y de mi compasivo profesor de biología, que ojalá siga siendo ambas cosas. (En cuanto al sádico, procuro no pensar nunca en él, porque lo breve si breve dos veces breve.) No sé por qué, pero poner exámenes me parece casi siempre un ejercicio triste; también, en mis peores momentos, un ejercicio inútil. Uno, que anda ya más cerca de los cuarenta que de los treinta años y que a veces piensa que tal vez hubiese aprendido más asistiendo a aquellas *nits d'estudi* salvajes que quedándose en su casa, en estas fechas se acuerda a menudo de Oscar Wilde: «En los exámenes los tontos hacen preguntas que los sabios no pueden responder». Así que pongo mis preguntas tontas y, mientras los espío emboscado detrás de mi libro descomunal, viéndolos sudar en el calor de horno de la clase, me digo con envidia que más de uno habrá pasado la noche anterior en una orgía de pastillas y alcohol y sexo y nerviosismo, y también me digo que ahora sé que las cosas no son como yo creía: ahora sé que los profesores no son invulnerables, sino carne de depresión, como sé que la consideración de que mayoritariamente gozan es ínfima, en parte porque, aunque la gente se llene la boca hablando de la importancia de la educación, en el fondo ésta les importa un rábano, y en parte porque muchos profesores, quizá contagiados por el desprecio ambiental, acaban despreciando su propio trabajo –que es una forma de despreciarse a sí mismos–, o porque han olvidado la advertencia de Joubert: «Enseñar una cosa es aprenderla dos veces». O quizá es que, por mucho que uno se empeñe en creer que sí pueden enseñarse algunas cosas de verdad importantes, en el fondo del fondo todos sabemos que nadie puede ejercitar a nadie en los pocos aprendizajes que de verdad cuentan. En el aprendizaje de la decepción, como lo llama Félix de Azúa. O en ese otro aprendizaje del que habla Nietzsche: «Poco a poco he comprendido el defecto más general de nuestro tipo de educación y formación: nadie aprende, nadie quiere aprender, nadie enseña… a soportar la soledad».

DE PROFUNDIS

El mismo día en que llegué a Estados Unidos, hace más de diez años, me invitaron a una fiesta. La anfitriona se llamaba Anna Storm, una tormentosa pelirroja que, según me advirtieron, sentía debilidad por los latinos. Dispuesto a contrastar personalmente la exactitud de la información, me abalancé de inmediato sobre ella y, con mi mejor caída de ojos, le ofrecí un cigarrillo. Ella me dijo que en aquella casa no se fumaba; incrédulo, comprendí que aquello era una broma con la que la Tormentosa estaba tratando de seducirme, pero cuando su marido —un profesor de halterofilia a quien yo llegaba a la cintura— me repitió la advertencia comprendí que lo mejor era salir al balcón. Me puse el abrigo, el gorro y los guantes y salí; allí, bajo la nieve, encontré a otros fumadores: un camerunés, un marroquí y un turco. Hablamos y fumamos y nos hicimos amigos, porque sentí que estaba entre hermanos y sentí también, por primera vez en mi vida, una nostalgia terrible de mi país.

Dos años enteros me costó salir de Estados Unidos. De vuelta en casa yo era un hombre feliz; fumaba por todas partes —en casa de los amigos, en clase, en los restaurantes, en los trenes, en los aviones— y a menudo me acordaba de mis amigos fumadores de América y de que yo siempre les decía que en mi país un fumador nunca sería un paria. Craso error. Prohibieron fumar en las clases, y yo dejé de tratar desesperadamente de imitar a Francisco Rico y de quemarme las camisas en el intento. Prohibieron fumar en la mayoría de los vuelos nacionales. Acotaron zonas para fumadores en los vuelos internacionales, en los trenes, en muchos restaurantes. Algunos amigos se convirtieron en furiosos antitabaquistas, y empecé a perder amigos. Hace dos días me marché a media comida de un restaurante de Gerona porque me comunicaron que allí tampoco se podía fumar. «Estoy desesperado», le confieso a Eduardo Rojo esa misma tarde, en el tren. Rojo es decano de la facultad de Derecho de la Universidad de Gerona. No fuma. Me pregunta si fumo mucho. «Nunca dos cigarrillos al mismo tiempo», le digo. Me pregunta si he intentado dejar de fumar, y yo me acuerdo de don Julio Camba y contesto: «Hay dos procedimientos para abandonar el tabaco: el gradual, que no da resultado casi nunca, y el radical, que fracasa casi siempre». La conversación me da unas ganas tremendas de fumar, pero advierto que en ese vagón está prohibido. Me levanto y recorro el tren en busca de un vagón donde sí se pueda. Nada. Presa de un ataque de pánico, decido bajarme del tren en la siguiente parada cuando descubro a tiempo un hueco entre vagón y vagón. En el hueco hace un frío polar; para no caerme a la vía tengo que agarrarme a una barra metálica; el meneo es tan brutal que apenas acierto con el cigarrillo en la boca. Regreso sano y salvo a mi asiento. Entonces Rojo me habla de las demandas contra las compañías tabacaleras; también, de las que los empleados ponen contra las empresas que no cumplen con su obligación de impedir que se fume en sus locales. «Menos mal que en los despachos de la Universidad sí se puede fumar», le digo. «Te equivocas —contesta—. La Universidad es un establecimiento público, y según una ley del Parlament de Catalunya está prohibido fumar en cualquier establecimiento público.» En ese momento Rojo olfatea el aire; nos volvemos: un tipo está fumando detrás de nosotros. Con increíble desparpajo, dice: «Qué pasa. Soy cocinero. Fumo para defenderme de los olores corporales. Son más tóxicos que el humo».

Bajo en la estación de Sants. Saco un cigarrillo, pero me pregunto si la estación de Sants es un establecimiento público y, por si acaso, me lo guardo. Al llegar a mi casa me abstengo de comentar mis angustias con mi mujer, que hace una semana se fumaba los cigarrillos de dos en dos y ahora está intentando —de forma radical, porque la gradual fue un fracaso— dejar el tabaco y se pone histérica cuando oye hablar de él. Por supuesto, en mi casa hace ya tiempo que no se fuma: cuando nació mi hijo el pediatra nos aseguró que el humo era una de las causas de la muerte súbita de los bebés. Así que cojo de nuevo mi abrigo y salgo al balcón; está lloviendo. Mientras me fumo un cigarrillo empapado, me acuerdo del balcón de Anna Storm y me digo que sigo siendo un paria. Pienso en mis hermanos fumadores de América y me pregunto si ya habrán vuelto a sus países y vivirán como parias en Marruecos, en Camerún, en Turquía. Pienso en el cocinero del tren, mi semejante, mi hermano. «He ahí un hombre libre —me digo—. He ahí un delincuente.»

HOMELESS

Con la excusa de que estoy un poco resfriado, el domingo por la mañana me quedo en casa y mando a mi mujer y a mi hijo a pasar un día de campo. Apenas salen, me enfundo mi uniforme de trabajo –zapatillas de andar por casa, pantalón de pijama, camiseta de los Teletubbies– y me pongo a trabajar. A las doce de la mañana advierto que me he quedado sin tabaco; cojo el dinero justo y, sin ponerme siquiera los zapatos ni el abrigo, salgo a comprarlo al bar de la esquina, pero en el instante en que se cierra la puerta de mi casa me asalta la sospecha de que me he dejado las llaves dentro. Con la garganta cerrada por la angustia, busco en los bolsillos del pijama: nada. A punto estoy de darme de cabezazos contra la puerta, pero me contengo. Me digo que, como es probable que mi mujer no regrese hasta la noche, lo mejor será que llame a un cerrajero.

Voy hasta la tienda de la esquina, que abre los domingos. Después de mirarme de arriba abajo sin reírse, el tendero me dice que puede darme el teléfono de un cerrajero de urgencias. «Pero la última vez que llamé a uno –me advierte–, me costó veinte mil pesetas.» «Veinte mil pesetas», pienso. Decido ir a una cabina y usar el dinero del tabaco para pedir ayuda a un amigo. El amigo no está. Llamo a otro amigo. Y a otro. Me quedo sin monedas y sin amigos a los que llamar. Un poco asustado –de repente estoy sin casa y sin familia y sin dinero y sin amigos y casi sin ropa–, vuelvo a la tienda y pido que me dejen llamar al cerrajero. Llamo al cerrajero y le pregunto cuánto me va a costar el servicio. «Quince mil pesetas», me contesta. No sé por qué, pero me parece baratísimo, y acepto. Al rato llega el cerrajero, que tiene aspecto de jugador de rugby y en seguida se pone a forcejear con la puerta de mi casa, pero al cabo de unos minutos de sudar sin éxito me dice que, para abrirla, tendrá que romper la cerradura, lo que significa que habrá que poner una cerradura nueva. «Le costará cuarenta mil pesetas.» Me agarro a la barandilla de la escalera, para no caerme. Cuando me recupero, le digo que en ese caso lo mejor es dejarlo correr. «Entonces le haré una factura por el servicio mínimo —dice, y me tiende una factura por quince mil pesetas—. Tiene que abonármelo ahora.» «Estoy sin blanca», le digo. Entonces el cerrajero pone una cara rara; de golpe me parece más grande y mucho más fuerte que antes. Me apresuro a explicarle que el dinero y las tarjetas están dentro de casa y que ahí lo único que tengo son las zapatillas, el pijama y la camiseta de los Teletubbies. «Si quiere puede quedárselos», me oigo gemir, desesperado, pero ya es tarde, porque tengo la boca del cerrajero a un milímetro de distancia, amenazándome con partirme la cara si no le pago al día siguiente; luego me suelta y se larga.

Me levanto del suelo y voy a la tienda de la esquina; está cerrada. Como ya no tengo nadie a quien recurrir, me acerco al parque y me siento en un banco. La gente me mira de forma aún más rara que el cerrajero; muerto de envidia, los veo marcharse a comer a sus casas. En el parque ya sólo quedamos un mendigo y yo. El mendigo está más abrigado que yo. Pienso que ahora yo también soy un mendigo; pienso en lo fácil que es convertirse en mendigo. Hace sol. Hace frío. Pronto hace más frío que sol. Luego ya sólo hace frío. Al rato —se ha hecho de noche— me despierto helado y hambriento y con fiebre; por un instante me da la impresión de que está lloviendo. Estiro la mano y en ese momento una señora pone en ella dos monedas de veinte duros. Estoy a punto de devolvérselas, indignado, pero lo pienso mejor y me las guardo. Entro en el bar de la esquina y me tomo un cortado que me sabe a gloria, pero en seguida me doy cuenta de que mi presencia en el bar no le hace ninguna gracia al barman; pago y salgo a la calle. Camino. Camino mucho. Y por fin, después de pasarme dos horas dando vueltas por mi barrio, arrastrando mi desolación y mis zapatillas y esquivando las miradas de la gente, veo luz en mi casa. Entro en ella destrozado y enfermo, como si llegara de un viaje a la jungla. Feliz, le doy un beso a mi hijo; entonces mi mujer me pregunta de dónde vengo, y cuando ya estoy a punto de explicarle que en realidad sólo había salido a comprar tabaco compruebo que ella me mira con cara de estar convencida de que me he pasado el día corriéndome una juerga de locos, así que me digo que lo mejor es que me calle y me meta en la cama, jurándome que, me haya o no curado de la pulmonía, el próximo domingo seguro que salgo con ellos al campo.

CONTRA EL OPTIMISMO

Igual que cada mañana, me levanto exultante y, después de que mi hijo acabe de ver en la tele el episodio de Doraemon («Somos los niños de la tierra, / todos juntos construimos / una ciudad de maravillas y felicidad»), lo meto en el coche para llevarlo al colegio. Por quinta vez en las últimas dos semanas, el coche no arranca, pero, como soy un optimista incurable, en vez de echarme a llorar sobre el volante llamo un taxi. En el taxi suena una canción de Simon y Garfunkel que hace veinte años que no escuchaba y que habla de la soledad de un boxeador medio sonado que empuja su fracaso por el invierno de una ciudad extraña. Dejo a mi hijo en el colegio y me voy a trabajar. Al entrar en la clase ya he decidido que, dado que la Navidad está al caer, voy a explicar un artículo de Larra que sarcásticamente −porque en él se habla de una noche atroz− se titula «La Nochebuena de 1836», un artículo tristísimo que *notre père à tous* escribió apenas dos meses antes de volarse la tapa de los sesos de un pistoletazo, y donde se diagnostica a sí mismo la enfermedad que le tiene ebrio de deseos y de impotencia: el optimismo; es decir: la absurda e incurable esperanza de que no estamos aquí para ser desdichados. Mientras sigo explicando el artículo, advierto que en el aula se ha formado un guirigay fabuloso (un grupo de chicos ha montado una timba de butifarra; una anciana saca de un neceser las agujas de hacer punto; un grupo de chicas razona a grito pelado los encantos de Brad Pitt), pero decido seguir con Larra, más que nada porque acabo de descubrir en primera fila a mi única oyente, una chica bellísima que atiende a mis explicaciones con ojos de asombro. Por fin acaba la clase. «Es increíble —oigo suspirar en el pasillo—. Es la clase más aburrida a la que he ido en mi vida.» Entonces me vuelvo y reconozco a la chica asombrada y bellísima de la primera fila.

Voy a comer. En el restaurante me encuentro con el filósofo Josep Maria Ruiz Simon, que acaba de publicar un libro sobre Ramon Llull. Como es una persona educada, me pregunta cómo estoy; como soy una persona educada, le miento, pero a media comida me derrumbo y, en vez de echarme a llorar encima de los macarrones, le hablo de mi coche y de Larra y de Brad Pitt y de la incurable enfermedad del optimismo. Para darme la razón, o para consolarme, Ruiz Simon me pregunta entonces si conozco la teoría de la propina. Asombrado por el hecho de que ya en la época de Llull se estilaran las propinas, le digo que no. «La teoría no es de Llull, que era un optimista —me corrige—, sino de Pla.» Según ella, en esta vida todo lo que no es catástrofe es propina. Damos a la llave de contacto y el coche arranca: propina. Damos una clase y alguien atiende: propina. El optimista cree que hemos venido aquí a ser felices; el pesimista, que hemos venido aquí a evitar todas las catástrofes posibles y a cobrar todas las posibles propinas. Por eso el pesimista vive instalado en el contento y la tranquilidad; el optimista, en el desasosiego y la desdicha.

Dice Chesterton que hay dos tipos de personas: las que dividen a las personas en dos tipos y las otras. Mientras voy a buscar a mi hijo al colegio me entretengo dividiendo a la gente en optimistas y pesimistas. Ambrose Bierce, por ejemplo, era más optimista que Larra y que Llull, pero no más que Doraemon, y por eso dio la siguiente definición de la palabra «año»: «Período de trescientas sesenta y cinco decepciones». En cambio, Ricardo Reis, que sospecho que era más pesimista que Ruiz Simon, pero no más que Pla, escribió: «Si nada esperas, cuanto te depare el día, por poco que sea, será mucho». Recojo a mi hijo en el colegio y al llegar a casa le anuncio que no va a volver a ver en su vida un solo episodio de Doraemon, ese enfermo de optimismo. Para resarcirme de las injurias del día, por la noche, y dado que la Navidad está al caer, a punto estoy de poner en el vídeo *¡Qué bello es vivir!*, que es la película más optimista del más optimista de los directores de Hollywood, pero rectifico a tiempo y pongo una película de Huston que sarcásticamente –porque en ella se habla de una ciudad atroz– se titula *Fat city*, lo que podría traducirse por «¡Menuda ciudad!» o, mejor aún, por «Una ciudad de maravillas y felicidad», y mientras veo esa tristísima película de boxeadores me acuerdo del boxeador de Simon y Garfunkel y también de Larra, que vivió rápido y murió joven y dejó un cadáver bonito, y me digo que Huston tiene razón, que todos nosotros, que vivimos con exasperante lentitud y seguramente moriremos viejos y dejaremos un cadáver apestoso, acabaremos como el par de boxeadores de su película, fracasados y solos y medio sonados en una ciudad atroz, orinando sangre antes de salir al ring, ebrios de deseos y de impotencia, peleando a muerte con nuestra propia sombra en un estadio vacío. Y todo lo demás es propina.

LOS INOCENTES

La primera vez que vi Gerona fue en un mapa. Mi madre, que entonces era muy joven, señaló un punto remoto en el papel y me dijo que era ahí donde estaba mi padre. Meses más tarde hicimos las maletas. Hubo un viaje larguísimo, y al final una estación leprosa y aldeana, rodeada de edificios de lástima envueltos en una luz mortecina y maltratados por la lluvia sin compasión de diciembre. Era la ciudad más triste del mundo. Mi padre, que nos aguardaba en ella, nos llevó a desayunar y nos dijo que en aquella ciudad imposible se hablaba una lengua distinta de la nuestra, y me enseñó la primera frase en catalán que pronuncié: «M'agrada molt anar al col·legi». Luego nos encajamos como pudimos en su Dos Caballos y, mientras nos dirigíamos a nuestra nueva casa por la desolación hostil de aquella ciudad ajena, estoy seguro de que mi madre pensó y no dijo una frase que pensó y dijo cada vez que llegaba el aniversario del día en que hicimos las maletas: «¡Menuda inocentada!». Era el día de los Inocentes de hace treinta y tres años.

El desierto de los tártaros es una novela extraordinaria de Dino Buzzati. Se trata de una fábula un poco kafkiana en la que un joven teniente llamado Giovanni Drogo es destinado a una remota fortaleza asediada por el desierto y por la amenaza de los tártaros que lo habitan. Sediento de gloria y de batallas, Drogo espera en vano la llegada de los tártaros, y en esa espera se le va la vida. Muchas veces he pensado que esa fábula sin esperanza es un emblema del destino de muchos de los que hicieron las maletas. Como muchos de ellos, mi madre se pasó la juventud esperando el regreso, que era siempre inminente. Así transcurrieron treinta y tres años. Como para algunos de los que hicieron las maletas, para ella no fueron tan malos; después de todo, mi padre tenía un sueldo y un empleo bastante seguro, que era mucho más de lo que tenían muchos. Yo creo que mi madre, de todos modos, igual que muchos que hicieron las maletas, nunca acabó de aceptar su nueva vida y, acorazada en su empleo excluyente de ama de casa de familia numerosa, vivió en Gerona haciendo lo posible por no advertir que vivía en Gerona, sino en el lugar en el que hizo las maletas. Esa imposible ilusión duró hasta hace unos años. Para entonces las cosas habían cambiado mucho: Gerona era ahora una ciudad alegre y próspera, y su estación un moderno edificio de paredes blanquísimas e inmensas cristaleras; por lo demás, algunos de los nietos de mi madre ni siquiera entendían su lengua. Un día, cuando ninguno de sus hijos vivía ya con ella y ya no podía protegerse de la realidad tras su trabajo excluyente de ama de casa y por tanto tampoco podía esquivar la evidencia de que, veinticinco años después, aún vivía en una ciudad que no había dejado de serle ajena, le diagnosticaron una depresión, y durante dos años su única ocupación fue mirar al vacío y llorar. Quizá también pensaba, pensaba en su juventud perdida y, como el teniente Drogo y como muchos de los que hicieron las maletas, en su vida consumida en una espera inútil, y quizá también —ella, que no había leído a Kafka— en que todo eso era un malentendido y en que ese malentendido iba a matarla. Pero no la mató, y un día en que ya empezaba a salir del pozo de años de la depresión e iba con su marido al médico, un caballero le abrió una puerta y cediéndole el paso dijo: «Endavant». Mi madre le contestó: «Al médico». Porque lo que mi madre había entendido no era «Adelante», sino «Adónde van» o quizá «Ande van». Dice mi padre que en ese momento se acordó de la primera frase que, más de veinticinco años atrás, me había enseñado a decir en catalán, y también que comprendió de golpe a mi madre, porque comprendió que llevaba más de veinticinco años viviendo en Gerona como si nunca hubiera salido del lugar en el que hizo las maletas.

Al final de *El desierto de los tártaros* los tártaros llegan, pero la enfermedad y la vejez le impiden a Drogo satisfacer su sueño postergado de enfrentarse a ellos; lejos del combate y de la gloria, solo y anónimo en la habitación en penumbra de una posada, Drogo siente que se acerca el fin, y comprende que ésa es la verdadera batalla, la que siempre había estado esperando sin saberlo; entonces se incorpora un poco y se arregla un poco la guerrera, para recibir a la muerte como un hombre valiente. Yo no sé si los que hicieron las maletas acabarán regresando nunca; me temo que no, entre otras cosas porque ya habrán comprendido que el regreso es imposible. Tampoco sé si alguna vez pensarán en la vida que se les ha ido en la espera, o en que todo esto ha sido un terrible malentendido o en que se engañaron o, peor aún, en que alguien les engañó. No lo sé. Lo que sí sé es que dentro de unas horas, apenas se levante, mi madre pensará y tal vez diga la misma frase que lleva repitiendo desde hace treinta y tres años en este mismo día: «¡Menuda inocentada!».

LOS VIVOS

NARCÍS SERRA Y UN ÁCRATA

Una señorita muy amable me llama para invitarme a comer con Narcís Serra. Sin pensarlo dos veces, acepto. Por tres motivos. Primero, para demostrarle a mi madre que no sólo me codeo con pelagatos como yo. Segundo, porque mis ingresos no alcanzan para darse el lujo de rechazar invitaciones. Y tercero, porque uno no tiene cada día la oportunidad de comer con un tipo que ha sido vicepresidente del gobierno. Miento. En realidad acepto porque tengo un amigo que se llama Vicente Gracia. Ser un ácrata peligroso cuando se tienen dieciocho años es casi inevitable; serlo cuando se tienen cincuenta y cinco ya es más difícil: Vicente lo ha conseguido. En los años setenta mi amigo fue un periodista de cierto renombre; también un tipo incómodo: tanto, que lo expulsaron o se largó de cuanta publicación acogía su firma, hasta que se quedó solo. Así sigue. No sé de qué vive. No cree en nada ni en nadie. Es casi un héroe. Un día estábamos con un grupo de ácratas inevitables de dieciocho años cuando a uno de ellos se le ocurrió hacer un comentario gracioso sobre Narcís Serra. A mí no me extrañó, porque Serra era por entonces el tipo más vilipendiado de este país; lo que me dejó de piedra fue que Vicente se encarara con el gracioso y le soltara: «Tú eso no me lo dices en la calle». Los separé como pude, pero tardé varios meses en comprender la inesperada reacción de mi amigo. Fue cuando leí la última de sus muchas novelas inéditas: *Para que aprendas*. Se trata del relato autobiográfico de un niño apaleado por una madre brutal y por un peregrinaje de orfanato en orfanato que, por un extraño azar del franquismo, aterriza en un colegio de niños ricos, donde su situación mejora un poco porque uno de esos privilegiados lo protege de la ferocidad de sus compañeros. El protector es un niño miope e inteligente y muy católico, que toca el piano; se llama —ya lo han adivinado— Narcís Serra.

Así que voy a comer con Narcís Serra. Llego el primero al restaurante; me pido una cerveza y unas aceitunas. Empiezan a llegar los demás comensales; todos piden agua mineral. Advierto que son intelectuales, periodistas y gente respetable; como, por mucho que me esfuerce, no puedo incluirme en ninguna de esas tres categorías, comprendo que me han invitado por error o que un amigo me ha gastado una broma imitando por teléfono la voz de la amable señorita. Horrorizado, sintiéndome igual que una jirafa en una pista de patinaje, decido levantarme y largarme. En ese momento aparece Narcís Serra. Me lo presentan; increíblemente, Serra me habla de un primo mío, que es de Cáceres. Dejo de sentirme como una jirafa para sentirme como un personaje de Enrique Vila-Matas. Tratando por todos los medios de pasar inadvertido, intento comportarme como un intelectual y empiezo a opinar sin ton ni son, sin saber lo que digo. La verdad: lo paso en grande. En cuanto a Serra, me llevo dos sorpresas. Primera: sabe escuchar, cuando yo creía que los políticos sólo sabían hablar. Segunda: cuando hablas o te habla, te mira a los ojos. La tercera sorpresa, dramática, me llega a media comida: Serra es el vivo retrato del capitán Haddock. La evidencia me provoca un salvaje ataque de risa. Trato de contenerme, pero no puedo. Un comensal me mira de forma rara. Con los ojos arrasados de lágrimas, me levanto, voy al lavabo, me miro al espejo; entonces pienso en mi madre, en Vicente Gracia y hasta en mi primo de Cáceres: se me corta de golpe la risa y vuelvo muy serio a la mesa.

Dos horas después salgo del restaurante con un espantoso colocón de agua mineral. Al llegar a casa llamo a mi madre y le digo que he estado comiendo con Narcís Serra; mi madre me contesta que, en vez de perder el tiempo hablando de política, lo que debería hacer es dedicarme a trabajar en algo serio. Para resarcirme de la humillación, no llamo a mi primo, sino a Vicente Gracia. Vicente me pide que le cuente detenidamente la comida; le cuento detenidamente la comida: le hablo de intelectuales, de periodistas, de gente respetable, de las pensiones y de la política educativa y del paro, de Nadal y de Maragall y de Pujol; halagado por la atención que me presta mi amigo, acabo incluso hablándole de las jirafas y de Vila-Matas, pero cuando se me escapa que Serra es el vivo retrato del capitán Haddock comprendo que mi irreprimible propensión a hacerme el gracioso acaba de costarme otro amigo. Vicente –ya lo han adivinado– me suelta: «Eso no me lo dices en la calle». «Para que aprendas», me digo.

CUESTIONES MARSISTAS

Del protagonista de *Las ilusiones perdidas* escribió Oscar Wilde: «La muerte de Lucien de Rubempré es el gran drama de mi vida». De joven uno tiende a creerse muy original, pero esa es una ilusión que, como la de la juventud, se pierde con el tiempo: ahora sé que *Últimas tardes con Teresa* no es sólo uno de los grandes dramas de mi vida, sino también de la de mucha gente de mi edad. Es cierto que Marsé ha publicado novelas más complejas y acaso más perfectas que ésa, pero no es menos cierto que *UTT*, porque tiene absolutamente todo lo que puede pedírsele a una novela, parece escrita en estado de gracia; además, por supuesto, tiene a Manolo Reyes, el Pijoaparte. El Pijoaparte viene de Lucien de Rubempré, de Julien Sorel, de Frédéric Moreau, de una ilustre estirpe de jóvenes provincianos que llegan a la capital cargados de sueños de comerse el mundo, y a quienes el mundo acaba comiéndose; viene de ahí y va hacia ese lugar privilegiado donde habitan los personajes que se emancipan de las novelas que los crearon y nos imponen su presencia con la misma capacidad de persuasión con que lo hacen las personas de carne y hueso. Yo lo he visto muchas veces, en lugares distintos, mirando la ciudad desde lo alto de una colina, cruzando en una moto robada las calles nocturna de un barrio perfumado de dinero y saturado de señoritos de mierda, o simplemente caminando, con las manos en los bolsillos, las facciones meridionales, los ojos rapaces y el pelo negro y peinado hacia atrás con «esa feroz coquetería de los grandes solitarios y de los ambiciosos superiores». En sus últimas novelas, Marsé parece haberse empeñado en una labor de demolición, como quien se propone reducir el mundo y los mitos que él mismo ha creado a un puñado de polvo o de ilusiones perdidas. Da igual: el Pijoaparte va a seguir intacto.

Se celebra un homenaje a Marsé. Integrado en mi célula marsista y armado con una bolsa de octavillas, me persono en el lugar de los hechos: el Centre Cívic del Carmel. Mientras paseo por las dos exposiciones de fotografía que van a inaugurarse, reconozco a muchos marsistas, entre ellos Joan de Sagarra, José María Nunes, Enrique Vila-Matas e Ignacio Martínez de Pisón; un marsista de la línea dura se me acerca con el puño en alto y me susurra al oído: «¡Marsistas de todo el mundo, uníos!». Empieza el acto, durante el cual Vázquez Montalbán, que razonó en *Cuestiones marxistas* el marxismo de la línea Groucho, razona la obra de Marsé, pero no el marsismo. Es normal. El marsismo se estudia mucho, pero no se sabe lo que es. Unos dicen que el marsismo es lo que queda del marxismo; otros, que es el marxismo de los que no tuvimos tiempo de ser marxistas; otros, que no es más que el marxismo por otros medios. No falta quien asegura que no hay nada menos marsista que definir el marsismo. En fin. Después de Vázquez Montalbán habla Marsé y después Inma Moraleda, que anuncia la creación de una Biblioteca Pública Juan Marsé.

Se acaba el acto. Mientras Marsé pasea con un whisky por el bar del Centre Cívic, me acuerdo de que en *UTT* se describe a sí mismo como un tipo «bajito, moreno y de pelo rizado, que siempre anda metiendo mano»; ahora sigue teniendo el pelo rizado, pero blanco, y desde luego sigue siendo bajito; de momento no le he visto meter mano a nadie. Me pego a él. Después de darle la tabarra durante una hora, alguien propone una cena y, mediante una sucia maniobra que no le pasa inadvertida a ningún marsista, consigo meterme en el taxi de Marsé, pero mientras bajamos al centro me doy cuenta de que, con el nerviosismo y las maniobras, se me ha olvidado la bolsa de las octavillas en el Centre Cívic. Durante la cena, en el Bauma, se habla, por supuesto, de Lucien de Rubempré, de Julien Sorel, de Frédéric Moreau; también de Jay Gatsby y de la novela que está acabando Marsé. Y del Pijoaparte, claro. «Te voy a contar qué se ha hecho del Pijoaparte —dice al final Marsé, que no es marsista, harto de la tabarra marsista—. Está de chófer de un alto cargo de la Generalitat.» Pero en seguida añade, compasivo o consciente de que en el fondo nunca podrá reducir su mito a un puñado de polvo: «Por supuesto, se tira a la mujer del alto cargo». Marsé se despide, y la noche acaba mal, a grito pelado, como todas las noches de mi célula, entre acusaciones de maniobras sucias y de revisionismo y escisiones y sobre todo entre ilusiones perdidas, y al día siguiente vuelvo al Centre Cívic y mientras espero que me devuelvan la bolsa de las octavillas veo en la sala de lectura a un joven de facciones meridionales y ojos rapaces enfrascado en una novela. Me digo entonces que, en vez de ir por ahí de marsista como un señorito de mierda, lo que tiene que hacer un marsista es crear bibliotecas públicas. Como Inma Moraleda. Al salir a la calle tiro las octavillas a la papelera.

UN SEÑOR DE LOGROÑO

Quizá las cosas hayan cambiado, pero hace unos años ni el cinéfilo más desorejado era capaz de recordar a un guionista español cuyo nombre no fuese Rafael y cuyo apellido no fuese Azcona. Y es que el caso de Rafael Azcona es único; uno no va a ver películas de tal o cual director: uno va a ver películas de Azcona. Guionista de muchos de los títulos fundamentales del cine español —*El verdugo* o *Plácido* o *La escopeta nacional*—, Azcona viene de la picaresca, de Quevedo, de Torres Villarroel, de Valle, de esa tradición que ha elevado la cochambre española a categoría estética. Dice Azcona que Woody Allen será el primer cineasta a quien le den el Nobel de Literatura; yo no creo que a Azcona vayan a darle nunca el Nobel, pero estoy seguro de que es algo muy parecido a un clásico vivo.

Me entero de que Azcona viene a la librería Crisol de Consell de Cent a presentar *Memorias de sobremesa*, un libro de conversaciones entre él y Manuel Vicent que ha orquestado Ángel S. Harguindey. Como uno no tiene todos los días la oportunidad de oír a un clásico vivo, y como además Azcona tiene fama de tipo arisco y con mala leche, que no habla nunca en público, me planto en Consell de Cent. La librería es tan grande que me pierdo y me doy de bruces con la sección de clásicos. Busco por la «A»: no encuentro a Azcona, pero sí a una imponente amiga portorriqueña a la que hace siglos que no veo. Besos y abrazos. Mi amiga me pregunta qué hago allí. Dado que cuando la frecuentaba yo sólo leía a Petronio y a gente así, le digo que he venido a oír a un clásico vivo. «Una especie de Petronio castizo», añado. Bajamos a la sala de actos. Hemingway decía que en España sólo empiezan puntuales las corridas de toros; se equivocaba: el fútbol también; pero no las presentaciones. Mi amiga se pone impaciente, propone ir a tomar una copa. Voy a rogarle que espere cuando aparecen Harguindey, con su aire de capitán Ahab, Vicent, con su aire de senador romano que no ha pegado golpe en su vida –la calva brillante, los ojos de un azul impecable, la boca un poco despectiva– y Antoni Munné, con su aire de trabajar demasiado. Detrás aparece Azcona, sin aire y sin cara de mala leche; al contrario: es exactamente igual que un dicharachero farmacéutico de Logroño. Azcona, de hecho, es de Logroño. Es más, apenas empieza el coloquio, que dirige Munné, advierto que Azcona habla y gesticula y cuenta cosas de señor de Logroño. Como todos los humoristas, asegura que no es un humorista: «A los que contamos las cosas como son nos llaman humoristas». Vicent, que detesta las corridas de toros y a Hemingway, cuenta que conoció a Azcona en el Café Comercial, durmiendo la siesta en un diván, con la cara tapada por una servilleta. Azcona, por su parte, además de contar cosas de señor de Logroño, cuenta historias de película de Azcona: la de un cine cuya calefacción consistía en meter en la sala un rebaño de ovejas antes de la proyección; la de un cura que, en un hotel de lujo, rodeado de señoritas imponentes, repartía bendiciones a diestra y siniestra. Vicent se ríe. Azcona se ríe. Todo el mundo se ríe, excepto mi amiga portorriqueña. La conversación se prolonga. Excepto mi amiga, nadie quiere irse. Se habla de todo, incluso del capitán Ahab y del Algarrobo, que era mi héroe favorito cuando yo aún no había leído a Petronio; también del amor. Vicent asegura que el amor es un género literario y que el único amor de verdad es el amor de lejos. «Amor de lejos, amor de pendejos», susurra a mi lado mi amiga, más despectiva que la boca de Vicent.

Se acaba la presentación. Mi amiga dice que se va; le digo que espere un momento. Abriéndome paso a codazos, consigo que Munné, agotado, me presente a Azcona. Me pongo tan nervioso que estoy a punto de soltarle que es un clásico vivo, pero freno a tiempo y me limito a apretarle muy fuerte la mano, a ver si se me pega algo, mientras me acuerdo de Alejandro Sawa, que no volvió a lavarse la frente después de que Victor Hugo se la besara. Me doy la vuelta para enseñarle la mano a mi amiga: ya no está. Salgo a la calle, pero no la veo. Llueve un poco. Vuelvo a mi casa y abro *Memorias de sobremesa*: es como estar otra vez en Crisol, sólo que sin mi amiga portorriqueña. Deprimidísimo, me pongo a escribir esta crónica, que no vendrá de la picaresca ni de Quevedo ni de Valle, pero que después de todo también quiere ser literatura, y que además cuenta las cosas como son. Todavía no me he lavado las manos. Mañana ya veremos. A lo mejor vuelvo a leer a Petronio. O me voy a dormir la siesta a un café, con una servilleta en la cara.

¡VIVA BOLAÑO!

Fue el primer escritor que conocí. Fue hace mucho tiempo, en Gerona, donde Roberto Bolaño vivió durante una larga temporada. Me lo presentó un amigo que, como yo, quería ser escritor, pero que aún no había escrito una sola línea, lo mismo que yo. No recuerdo muy bien de qué hablamos, pero sí que, cuando mi amigo le preguntó cómo iba la novela que estaba escribiendo, Bolaño contestó: «Va, pero no sé muy bien hacia dónde». La frase me impresionó muchísimo, porque me pareció la frase de un escritor de verdad, aunque yo estaba seguro de que aquel tipo con aire de buhonero hippy, de esos que andan por los mercadillos vendiendo baratijas, no podía ser un verdadero escritor, porque yo entonces creía que los verdaderos escritores sólo podían vestir como funcionarios entristecidos, igual que si fueran Franz Kafka.

Por supuesto, me equivoqué, pero eso sólo lo supe muchos años después, cuando yo ya había leído, entre la envidia y la admiración, varios libros de Roberto Bolaño sin poder asociar su nombre ni su fotografía con el buhonero hippy de tantos años antes. Fue otra vez en Gerona, en la presentación de *Llamadas telefónicas*. Otra vez fue un amigo escritor quien me lo presentó, y apenas le hube estrechado la mano y hube cruzado cuatro palabras con él supe sin posibilidad de error que el tipo a quien tenía delante era el mismo a quien había conocido siglos atrás y cuya primera novela iba, pero no se sabía muy bien adónde iba. Naturalmente, aquel día no le dije a Bolaño que la primera vez que lo vi yo había puesto en duda que fuera un escritor de verdad, pero para paliar la vergüenza de mi equivocación me pasé toda la noche saltando a su alrededor, vestido de funcionario entristecido y gritando: «¡Viva Bolaño!».

Ahora está de moda que los escritores se inventen biografías azarosas. Bolaño no necesita inventarla, porque la suya lo es. Ha vivido en los lugares más inverosímiles, incluido Gerona, y ha desempeñado los oficios más descabellados, incluido el de vendedor de baratijas por los mercadillos del mundo. Pero eso no tiene ninguna importancia; en realidad, como cualquier escritor de verdad, Bolaño no ha hecho más que una cosa en su vida: esforzarse en ser escritor. No lo ha conseguido: lo que ha conseguido es ser uno de los escritores más interesantes que hay ahora mismo en castellano. Hace años padeció una operación muy complicada. Desde entonces vive como un asceta, en Blanes, donde acaban algunos de los protagonistas de sus historias. Sigue teniendo aspecto de buhonero hippy. Ha vivido y ha bebido mucho; ahora apenas vive, porque sólo escribe, y tampoco bebe, o sólo bebe Mirinda, que es una cosa muy complicada, porque esa bebida infecta ya no se fabrica. Le han dado el premio Herralde por *Los detectives salvajes*. No he leído la novela y no puedo hablarles de ella. Estoy seguro, en cambio, de que el premio Herralde se ha premiado a sí mismo. También nos ha premiado a nosotros. Muchas gracias. Ya se me olvidaba: ¡viva Bolaño!

LA IMPORTANCIA DE SER CINÉFILO

Hace años le oí a Susan Sontag que la única diferencia que hay entre los españoles y el resto de los hombres es que los españoles salen siempre del lavabo abrochándose la bragueta. El reproche me pareció disparatado, y desde luego resquebrajó el respeto que por entonces me inspiraba la Sontag. Por eso, cuando no hace mucho leí un artículo suyo en el que anunciaba el fin de la cinefilia, no dudé en atribuir el vaticinio a la decadencia definitiva de la escritora norteamericana, pero también al prestigio bobalicón de que gozan entre los intelectuales los augurios de catástrofe. Sin embargo, poco después decidí consultarlo con Àngel Quintana. A Quintana lo conozco desde hace muchos años, pero procuro evitarlo, porque cada vez que charlo con él me habla de una película extraordinaria que no he visto, cosa que me deprime muchísimo. Porque lo peor es que Quintana ha visto casi todas las películas. A los trece años escribía ensayos sobre *Gritos y susurros*; a los veinte presidía el importante cineclub de Torroella de Montgrí, y desde entonces escribe en el diario *El Punt* unas críticas solventes y apasionadas, personalísimas. Por lo demás, en el negocio del cine ha hecho casi de todo: ha sido productor, guionista, presidente de la Asociación Catalana de Críticos y Escritores Cinematográficos y profesor de universidad. Ahora acaba de publicar su tercer libro, *Jean Renoir*, en el que hace un lúcido repaso de la obra del autor de *La gran ilusión*, una película que este cronista nunca puede acabar de ver sin que se le salten las lágrimas.

Así que el otro día, cuando reconocí a Quintana en un bar nocturno, me acerqué y le pregunté a bocajarro qué opinaba del vaticinio sombrío de la Sontag. «Es posible que haya muerto la cinefilia *cahierista* —me contestó—. Pero ha nacido otra. Aquélla reivindicaba el cine americano de los cuarenta y cincuenta; ésta reivindica el *gore*, lo fantástico, el cómic. A los nuevos cinéfilos les importa un rábano *La gran ilusión*, pero se saben de memoria *La guerra de las galaxias*. En cuanto a mí, me molesta por igual la mitomanía y la endogamia de las dos.» Pido un par cervezas más y, como si fuéramos dos jubilados, nos ponemos a hablar de *La gran ilusión*, pero de inmediato noto que los lagrimales empiezan a ponérseme bordes y cambio de tema. Le pregunto qué opina del cine catalán. Me dice que no puede opinar nada, porque apenas existe; la prueba es que la gente que tiene talento, como José Luis Guerín o Isabel Coixet, se ve obligada a largarse fuera para hacerlo. Le pregunto entonces qué opina del cine español. «Sobre eso sí puedo opinar, porque tiene la ventaja de que, exista o no, algunos han creído de verdad en él. Está Erice, que es extraordinario, y está Almodóvar, que al principio hizo cosas muy buenas, aunque luego se ha enroscado en una especie de manierismo. Y es Almodóvar quien crea escuela, no Erice. A mí me parece que el problema del cine español es que ha llegado a eso que llaman posmodernidad sin haber pasado por la modernidad. A lo mejor por eso no siempre resulta fácil distinguir algunas escenas de *Torrente* de las películas de Mariano Ozores.» En ese momento nos interrumpe una joven bellísima y cinéfila, conocida de Quintana. Rejuvenecido de golpe, pido tres cervezas, pero antes de que yo pueda meter baza se han puesto a hablar de Renoir y de sus muchas conexiones catalanas, como ese pintor que se llamaba Joan Castanyer y firmaba Jean Castanier y fue íntimo amigo de Renoir y escribió el guión original de *El crimen de monsieur Lange*, una película que cuenta la historia de Monsieur Bathalà, un empresario corrupto cuyo nombre en el guión original era monsieur Català, y antes de que acaben de barrerme de la conversación me las arreglo para traer a colación, sin venir a cuento, el único tema en que mi cultura cinematográfica supera a la de Quintana. De modo que empiezo a hablar de la época gloriosa del destape y de *Sex o no sex* y de *Zorrita Martínez*, pero en ese momento Quintana se saca de la manga *Spermula*, una película de la que no he oído hablar en mi vida y que al parecer trata de unos vampiros que se dedican a chupar semen, según él la mejor película del destape, y mientras le oigo hablar de ella empiezo a deprimirme muchísimo y decido meterme en el lavabo para aliviarme del rencor y de las cervezas, y cuando lo estoy haciendo me acuerdo de *Viva la Pepa*, otra película de la época, rarísima y pésima, y al salir del lavabo, eufórico y dispuesto a vengarme de Quintana reivindicando *Viva la Pepa* igual que si fuera *La gran ilusión* del destape, me doy cuenta de que Quintana y la joven bellísima ya no están en el bar y de que yo todavía me estoy abrochando la bragueta.

LOS ZAPATOS DE FRED ASTAIRE

Alguien le preguntó una vez a Gene Kelly qué diferencia había entre Fred Astaire y el resto de los bailarines. «Muy sencillo —contestó Kelly—. Nosotros bailamos: unos bien, otros mal y otros regular. Él, en cambio, hace otra cosa.» Estoy seguro de que si a cualquier cineasta español mínimamente honesto —o a cualquier cineasta a secas— le preguntaran qué diferencia hay entre Víctor Erice y el resto de los cineastas, la respuesta no sería muy distinta: también Erice hace otra cosa. Menos unanimidad habría sin duda a la hora de razonar esa respuesta, pero un hecho parece en todo caso evidente: no hay ningún director vivo que, habiendo estrenado sólo tres películas —*El espíritu de la colmena, El sur, El sol del membrillo*—, sea considerado unánimemente un maestro del cine. En realidad, le hubiera bastado con una sola de ellas, porque, a diferencia de otros directores —que hacen películas buenas, malas y regulares—, Erice sólo las hace buenas. Más exactamente: hasta hoy, sólo ha hecho obras maestras. Pero, además de hacer un cine extraordinario, Erice es capaz también de reflexionar con extraordinaria lucidez sobre la naturaleza y los avatares del cine. Cosa que, me temo, también lo separa de la casi totalidad de sus colegas españoles.

Voy al Centre de Cultura Contemporània a oír hablar a Erice sobre cine y pintura. Lo presenta Domènec Font. Luego Erice, después de fijar algunas diferencias esenciales entre el cine y la pintura («La pintura puede representar el tiempo, pero sólo en las películas puede *transcurrir* el tiempo, sólo ellas pueden evocar su transcurso»), se lanza a un recorrido histórico por las relaciones entre ambas artes, unas relaciones que, según él, no son nunca de dependencia mutua, sino de mutua influencia desde el principio, cuando el nacimiento del cine modifica en parte el discurso de la pintura moderna, mientras que el cine halla en la pintura una forma de ennoblecer sus plebeyos orígenes de invento de barraca de feria. En cuanto al final, bueno, al final Erice viene a decir que el cine está muerto. Uno, que a lo mejor es un optimista recalcitrante y que tiende a creer que las cosas, como la materia, no mueren, sino que sólo se transforman, siempre que oye hablar de la muerte del cine –o del claqué– se acuerda de Oscar Wilde, que cada vez que alguien le decía que había agotado la vida pensaba que era la vida la que lo había agotado a él. Pero Erice no es Wilde; ni es optimista. Piensa que el cine se ha convertido en un arte subsidiario, encerrado en la tele y subordinado a ella. Que por eso es una presa fácil de la vulgaridad y el aborregamiento. Que es un producto exclusivamente industrial, fabricado en serie, y que sólo alguna vez, y sólo por casualidad, tolera la aparición de una obra de arte. Que por eso la historia del cine está cumplida.

Al salir de la conferencia me encuentro a Joan de Sagarra. Me pregunta si estoy ahí para escribir una crónica. Le digo que sí. Me pregunta si voy a ir a cenar con Erice. Le digo que no. «¿Todavía no has aprendido el oficio de periodista?», me pregunta. Sólo se me ocurre decirle la verdad, y cuando ya estoy temiendo que me hable de la muerte del periodismo, me suelta: «Pues ya va siendo hora». Me coge de una oreja y me arrastra al restaurante Estevet, donde al parecer se reunía la *gauche divine* a cenar en los sesenta, antes de irse de copas Rambla abajo. Ceno con Erice y con Sagarra y con gente del cine, entre ellos José Luis Guerín, que es el mejor discípulo de Erice, si no el único. Naturalmente, hablamos de cine; Erice lo hace con apasionamiento, pero midiendo cada una de sus palabras, como si sintiera por él un respeto inmaculado. Oyéndole, es fácil llegar a la conclusión de que, si no ha hecho más películas, no es porque no haya querido, sino porque la harapienta industria cinematográfica de este país no se lo ha permitido. Su último proyecto, *El embrujo de Shanghai*, basado en la novela homónima de Juan Marsé, lleva años esperando en un cajón. El guión está escrito, pero ha encontrado más que problemas para rodarlo. Alguien me dice por lo bajo que Erice ya ha tirado la toalla, y mientras le oigo hablar de esa película que quizá nunca va a hacer me digo que es como si a Fred Astaire le hubieran quitado los zapatos de bailarín, y que si al final Erice no puede rodar *El embrujo de Shanghai* habrá que empezar a olvidar el optimismo y a Oscar Wilde, porque significará que el cine español —o el cine a secas— está de verdad muerto.

LOS RESTOS DE LA JUVENTUD

En 1984 se publicó en Barcelona una novela insólita: *Consejos de un discípulo de Morrison a un fanático de Joyce*. La novela no sólo era insólita por su título o porque estuviera escrita a cuatro manos por dos desconocidos de apenas treinta años, Roberto Bolaño y Antoni García Porta, sino también porque era una novela de asesinos en serie a ritmo de rock and roll cuando por aquí todavía no se estilaban las novelas de asesinos en serie ni de rock and roll, una especie de mezcla precursora de –digamos– *Asesinos natos*, la película de Oliver Stone, y *Filosofía a mano armada*, la novela de Tibor Fischer. El libro, cuyo protagonista se llama Ángel Ros, pasó inadvertido y el destino de sus autores, un chileno y un catalán que se habían conocido en las cloacas del underground barcelonés de los setenta, se bifurcó: Bolaño continuó siendo lo que ya era, un kamikaze de la literatura capaz de sobrevivir en condiciones infrahumanas con tal de poderse dedicar a escribir, mientras que Porta, que tenía una mujer y un hijo, abandonó la literatura y se dedicó a ganarse la vida como ejecutivo. Desde entonces han pasado muchas cosas. Bolaño ha publicado un montón de libros y se ha convertido en una estrella, una estrella muy próxima a la que no paran de lloverle los premios; en cuanto a Porta, en 1994 decidió dejar de ser un adicto a su trabajo de ejecutivo y volver a la literatura, convirtiéndose en un adicto a su trabajo de escritor. El primer resultado visible de esa nueva adicción es *Braudel por Braudel*, su primer libro en solitario. Se trata de una novela madura y elegante, sabiamente reticente, una de esas novelas donde lo que ocurre es mucho más de lo que se cuenta, y lo que se cuenta es la historia de un aventurero otoñal, culto y desesperanzado, que llega a Mahón con el propósito de llevar a cabo una misteriosa misión, y también la historia de sus desamores y melancolías y derrotas. Porta no es el mismo de hace quince años: ya no firma como Antoni García Porta sino como A.G. Porta, ha cambiado el fanatismo de Joyce por el de Salinger, la Barcelona frenética de los setenta por el apacible Mahón actual, a Jim Morrison por Chet Baker, el rock and roll por el jazz. No sé: quizá A.G. Porta es Antoni García Porta más la madurez, igual que el jazz es el rock menos la juventud.

Más o menos de todo esto se habló el otro día en la presentación de *Braudel por Braudel* en la librería La Central. Hablan Jaume Vallcorba, el editor, y Roberto Bolaño. Vallcorba se muestra orgulloso de que la novela de Porta sea la primera de un autor español que publica El Acantilado. Bolaño, que ahora tiene una mujer y un hijo y que en consecuencia ha dejado de ser un kamikaze para convertirse en un ronin, que es algo mucho más peligroso, recuerda que conoció a Porta en una editorial underground barcelonesa llamada La Cloaca, y que hace poco publicó un artículo en el que, gracias a una errata, se decía que conoció a Porta en La Cloaca y que Porta publica ahora en El Alcantarillado; después elogia *Braudel por Braudel*, que según él refleja aspectos esenciales de la personalidad de Porta, y aprovecha para agradecerle que, en sus tiempos de kamikaze, le salvara varias veces la vida a base de yogures, amistad y cigarrillos. Al final, Porta, que vive tan al margen del mundo literario que ni siquiera sabe cómo funciona la presentación de un libro, asegura que *Braudel por Braudel* es la tercera parte de una trilogía cuyo primer volumen sería *Consejos...* y cuyo segundo volumen se titulará *Piratas de un no mundo*; luego se dedica a dar las gracias a un montón de gente, como si la novela no estuviera escrita a dos manos, sino a dieciocho.

Después de la presentación hay cena en El Suquet de l'Almirall, en la Barceloneta, con mujeres e hijos y amigos de la

Barcelona underground de los setenta, y después de cenar, mientras Porta me lleva a mi casa y le oigo hablar de la novela que está escribiendo, de Chet Baker y de sus autores favoritos —de Salinger y Bolaño y Vila-Matas e Isherwood y Marsé— no puedo evitar acordarme de la elegante desesperanza de Braudel ni decirme que la novela de Porta no sólo debe de reflejar aspectos esenciales de su personalidad, sino que, como todas las buenas novelas, en realidad y en el fondo del fondo no puede sino ser autobiográfica, porque está hecha de la carne y la sangre de su autor, y de sus desamores y melancolías y derrotas. Y entonces se me ocurre que la distancia que separa a Antoni García Porta de A.G. Porta es la que separa a Ángel Ros de Braudel. O lo que es lo mismo: que quizá Braudel es —digamos— Antoni García Porta menos la juventud.

TINTO Y COPLA
(o Un poeta que razona)

A mí Valencia siempre me ha parecido un sitio rarísimo. Allí hay una gente que habla en catalán pero dice que no habla en catalán. Allí las correctoras de catalán del Canal 9 fueron, durante años, una alemana y una francesa. Allí consideran ante todo como un político a uno de los mayores prosistas en catalán del siglo: Joan Fuster. Rarísimo. Pero lo peor es que, cuando le preguntas a algún amigo valenciano qué demonios pasa en Valencia, la respuesta es siempre la misma: poner cara de aburrimiento, mirarte como a un zangolotino y cambiar de conversación. La excepción a la regla es Enric Sòria. A Sòria lo conocí el verano pasado en un encuentro de escritores; fueron dos días dedicados a practicar tres nobles actividades que conozco a fondo: comer, beber y decir burradas. Lo pasamos tan bien que Sòria propuso repetir al año siguiente, cambiándole el título al encuentro: en vez de *Tinta & Tecla*, que es como se llamaba, *Tinto & Copla*. Fue allí donde le oí decir cosas como estas: «El problema en Valencia es que la Transición no ha acabado: siguen mandando los mismos que mandaban con Franco. Además, hay una patrimonialización política de la lengua: escribir en catalán te convierte automáticamente en un tipo de izquierdas, con lo que salen perdiendo la izquierda, que es de algunos, y el catalán, que es de todos. Hay gente importante que se alimenta de ese conflicto, y que por tanto lo alimenta. Por lo demás, el nacionalismo no le hace ningún favor a la lengua».

Tuve la impresión de que la música y la letra me sonaban, y también de que empezaba a entender algo, así que cuando llegué a Barcelona me compré todos los libros de Sòria. Me llevé una sorpresa: al contrario de lo que suponía, Sòria no es ni periodista ni historiador, ni siquiera prosista, aunque sea autor del diario más potente que se ha escrito en catalán desde el *Bosc endins* de Valentí Puig: *Mentre parlem*. No: Sòria es un poeta. Un poeta tan raro como Valencia, porque es un poeta de verdad, uno de esos raros poetas que son capaces de decir de una forma nueva las cosas viejas de las que han hablado siempre los poetas: el amor y la amistad y el paso del tiempo y el fracaso. Ahora Sòria acaba de desembarcar en Barcelona para encargarse de la sección de opinión del periódico *Avui*; también acaba de publicar un libro: *Incitacions*. Se trata de una recopilación de artículos en la que Sòria discute con el mismo apasionamiento y la misma mezcla de lucidez e ironía sobre los líricos griegos arcaicos y sobre Pi de la Serra, sobre la antigua poesía china y sobre Luis Cernuda, sobre Lessing y Gibbon y Goethe y Mann.

Sòria es uno de esos tipos con los que resulta extremadamente fácil entenderse, porque se le nota a la primera que tiene unas ganas desaforadas de pasárselo bien (y quizá por eso es un enamorado de Madrid, que es el paraíso del tinto y la copla). Así que quedamos en un restaurante para hablar de su libro. De inmediato nos consagramos a tres nobles actividades que conocemos a fondo: comer, beber y decir burradas. Hablamos de su trabajo en el *Avui* y le pregunto qué hace un chico como él en un sitio como ése. «Ganarme la vida», dice. Le pregunto si en su opinión no hay demasiado periodismo de opinión. «Al contrario —me dice—. Hay demasiado poco. El problema es que siempre opinan los mismos: esos opinadores profesionales, también llamados intelectuales, que escriben como si acabaran de tragarse el palo de una escoba.» A estas alturas a mí ya se me ha puesto cara de zangolotino y a él de aburrimiento, así que decido cambiar de conversación. Le pregunto si un poeta es un prosista perezoso; me dice que puede ser. Le pregunto si un prosista es un poeta que escribe demasiado; me dice que también puede ser. Le pregunto para qué escribe crítica literaria. «Para aclararme», dice. «Para inventarme una tradición», añade. Harto de dar explicaciones, concluye: «Además, todo es literatura. Y a ti te encontré en la calle». Así que salimos a la calle. Se ha hecho de noche y empezamos a hablar de Cernuda y de Fuster («Un gran polemista a quien nadie atacaba») y de Madrid y de Valencia y hasta de la correctora alemana de Canal 9, que resulta que era su mujer –Heike van Lawik–, y al final, ya de madrugada, después de muchos tintos y alguna copla, acabamos hablando de las cosas de las que siempre habla la gente a esas horas, que son las mismas cosas viejas de las que hablan siempre los poetas, y cuando me despido de Sòria y me meto en un taxi me acuerdo de una frase de *Mentre parlem*: «En esta vida, la buena compañía es un respiro que nunca agradeceremos lo suficiente».

UN DÍA CON MILLÁS

Mi jefe me invita a comer con Juan José Millás, que viene a Barcelona para hablar de su último libro, *El orden alfabético*. Como soy un cronista obediente y como además Millás publica columnas, relatos y novelas que me gustan mucho, acepto. Llego el primero al restaurante. Luego llega mi jefe, que me dice riéndose que no viene a controlarme; yo también me río, pero no sé si tan a gusto como él. Aparecen los demás comensales: editores, escritores, cronistas, profesores y una señora estupenda. También aparece Millás, que se sienta al lado de la señora estupenda. Por alguna razón la gente se excita mucho y la comida se convierte en un jolgorio. «Yo a lo mío», me digo, mirando de reojo a mi jefe y sin dejar de tomar notas, aunque en medio del guirigay no me entero de nada de lo que dice Millás. Se me ocurre entonces que toda la literatura de Millás parte de la evidencia de que, si uno se fija bien, la realidad es rarísima, por no decir incomprensible, y de que lo único que podemos hacer para quitarnos el miedo a lo incomprensible es reírnos de ello. Cuando los comensales se calman, empiezo a oír hablar de cosas rarísimas. Millás dice que algunos libros deberían venderse en las farmacias, y mientras yo pienso en los suyos, llenos de gente neurótica que se atiborra de pastillas, suelta una greguería de Monterroso: «Los enanos tienen un sexto sentido para reconocerse en público». Alguien cuenta luego que un mago ha estado a punto de hacer desaparecer de un escenario a un pariente del general Franco; todo el mundo se ríe a carcajada limpia, nerviosísimo, como si el mago hubiera hecho aparecer en el escenario al famoso militar.

La comida acaba entre el barullo y la euforia; aprovechando la confusión, mi jefe se larga con la señora estupenda. Desbandada general. Camino por la ciudad. Atardece. Me paro ante un escaparate; en un televisor veo a una mujer que se parece a mi madre y que está llorando por su vida. «La soledad era esto», pienso, igual que si yo fuera un personaje de Millás. Dos horas más tarde estoy en la librería donde se presenta el libro de Millás. Como tengo un sexto sentido para reconocer en público a las señoras estupendas, reconozco a la señora estupenda de la comida y me siento con ella. Miro a un lado y a otro, pero no veo a mi jefe. En la presentación, Juan Cruz habla de «El gato que está triste y azul», una canción de Roberto Carlos, y yo me acuerdo de la señora de la televisión que se parecía a mi madre. Fernando Valls dice que *El orden alfabético* es la mejor novela de Millás, y Carmen Riera que es una novela que da ganas de escribir, y yo, aunque no está mi jefe, me pongo a tomar notas como un loco mientras le oigo decir a Millás que cuanto más fantástica es su literatura más realista resulta, y que él se hizo escritor porque la realidad es una cosa fantástica y rarísima, por no decir incomprensible. Al final relata el origen de su obsesión por el tema del doble. Un día, yendo a misa, su padre le señaló a un hombre y dijo: «Es bígamo». En ese momento se levanta un señor del público y le tira a Millás un anillo de bígamo, que es una cosa que no se sabe lo que es. Todo el mundo se queda perplejo; Millás también. Yo me digo que la realidad se está poniendo cada día más rara y más fantástica y más incomprensible.

Se acaba la presentación. Intento acercarme a Millás, para hablar con él de todo lo que no he podido hablar durante la comida, y sobre todo de la mujer que lloraba en la televisión y de mi madre, pero no puedo. De golpe la señora estupenda ya no está, igual que si la hubiera hecho desaparecer un mago, pero entonces aparece la editora Beatriz de Moura, que para mí tiene algo dual, porque también es una señora estupenda y también es mi jefa. Al rato me veo otra vez en un restaurante, con cronistas, escritores, profesores y Beatriz de Moura. Ni durante la cena ni después de la cena puedo hablar con Millás, y cuando llego a mi casa, demasiado tarde para llamar a mi madre –que quizá estará triste y azul–, me atiborro de pastillas para dormir y me digo que la vida en efecto es muy rara en sus cosas, porque hay veces en que se llena de gente que aparece y desaparece y de magos y jefes y señoras estupendas, y porque uno puede pasarse un día con una persona sin haber logrado intercambiar una sola palabra con ella, y sobre todo porque a ratos se parece demasiado a las novelas de Millás. Entonces, aunque no siempre sea posible hacerlo a gusto, lo mejor es reírse. Para no tener miedo.

EL ERROR DE SANCHO PANZA

El sueño es atroz: estoy atado de pies y manos y oyendo por enésima vez «Gwendolyne» mientras dos walkirias nazis con ligueros rojos me acarician las plantas de los pies con una pluma, tratando de arrancarme mi verdadera opinión sobre el último libro de García Márquez. Yo resisto heroicamente, y las walkirias deciden acabar de una vez. Después de despedirme entre lágrimas de mi mujer y mi hijo, después de comerme un par de huevos fritos, después de leer el final del *Quijote* (cuando Sancho le pide llorando a su amo: «No se muera vuestra merced, señor mío, sino tome mi consejo, y viva muchos años», para seguir protegiendo a doncellas indefensas y desfaciendo entuertos), me dispongo a pedir como último deseo que me pongan *El hombre que mató a Liberty Valance* cuando me acuerdo de la cantidad de horas que duran las tres partes de *El padrino* y cambio de idea. Sin embargo, al abrir la boca el corazón me traiciona: «*Liberty Valance*», gimo. Faulkner leía el *Quijote* una vez al año. Yo no sé dejar pasar muchos meses sin ver *Liberty Valance* y, como soy un intolerante, no puedo dejar de pensar que este país sería mucho mejor si todo el mundo hiciera lo mismo.

Me despierto bañado en sudor, cojo mi copia de *Liberty Valance* y al ponerla en el vídeo compruebo que mi mujer acaba de grabar encima un episodio de los *Teletubbies*. Cuando ya he levantado en vilo el vídeo me acuerdo de Hemingway, que se divorció de su segunda mujer porque ésta le perdió un manuscrito, pero recapacito y me digo que ni yo soy

Hemingway ni mi sueldo me alcanza para tirar un vídeo por la ventana. Así que decido continuar casado y colocar el vídeo en su sitio y hasta le quito un poco el polvo. Luego voy a la tienda de la esquina. No tienen la película. Recorro todas las tiendas del barrio. Nada. Muy preocupado por la salud moral del país, me llego hasta el videoclub mejor surtido de Barcelona, que está en Enric Granados. Allí me aseguran que pueden conseguirla en dos días. Dos días más tarde, mientras camino por Enric Granados silbando la música de la película me pregunto si habrá alguien decente que la oiga sin que se le salten las lágrimas. Al recoger la copia pienso que John Wayne (es decir, Tom Doniphon) no es sólo un héroe porque posea el coraje, sino porque posee algo más importante: el instinto de la virtud. Tom elige lo justo porque su instinto le dicta que es lo justo, no porque vaya a ganar nada con ello; al contrario: lo pierde todo, incluso a la mujer que quiere, que acaba casándose con James Stewart porque éste le promete un futuro próspero, mientras que Tom sólo puede ofrecerle una flor de cactus, que es la flor más pobre y más triste del mundo. En el autobús leo a Ferlosio: «Toda estética es una antigua ética». Me pregunto si la ética del heroísmo es ya solo una estética, y me digo que toda ética debe ser una estética de la generosidad, y me acuerdo de que, en el *Tratado de las pasiones*, lo que Descartes llama «generosidad» se parece mucho al coraje. Al llegar a casa suena el teléfono. Es Roberto Bolaño, que ha creado a uno de los héroes más memorables de la literatura en castellano de los últimos años: Arturo Belano. Me pregunta qué opino del último libro de García Márquez; para no contestar le pregunto si no le parece una de las derrotas más tristes de la izquierda el haberle entregado a la derecha el monopolio de algunos valores, como el coraje. «Puede ser —me contesta—. Después de todo, es verdad que en nombre del coraje se han cometido muchísimos crímenes, pero más todavía se han cometido en nombre de la razón, y a nadie se le ocurriría renegar por eso de ella.» Luego hablamos de Tom Doniphon y de Salvador Allende, y también de aquel otro médico, catalán, anónimo, ilustrado e insignificante, que eligió morir en un amanecer radiante de septiembre de 1936 contra la tapia del cementerio de un pueblecito sin nombre de Extremadura, frente a un pelotón de fusilamiento, vestido con un traje impecable y una pajarita azul y rodeado de un puñado de jornaleros desharrapados a quienes él había enseñado a leer, y que alcanzaron a verle levantar, por primera y última vez en su vida, el puño cerrado y a oírle gritar: «¡Viva la República! ¡Viva la libertad!». Me despido de Bolaño y pongo el vídeo y, mientras suenan los primeros acordes de la música y me esfuerzo por controlar la emoción, pienso que voy a ver la película más noble y más limpia del mundo, pero no la más perfecta: al fin y al cabo, en ningún momento aparece Pompey, el fidelísimo criado negro de Tom, pidiéndole a su amo que no se muera, sino que tome su consejo y viva muchos años, porque quedan muchas doncellas indefensas que salvar y muchos entuertos que desfacer. Aunque está claro que Sancho –y el mismísimo Cervantes–, como Pompey –y el mismísimo Ford–, andaba equivocado: don Quijote está vivo. Tom Doniphon también.

APOLOGÍA DEL CRUSTÁCEO

Era una época en que todos éramos duros por fuera y blandos por dentro. Era la adolescencia. Por entonces iba mucho al teatro. Iba, por ejemplo, a ver *Las moscas*, de Sartre: después de aguantar a pie firme tres horas de tostón letal, salía a la calle con la existencialista de tendencias suicidas a la que había acompañado y, con la vana ilusión de rentabilizar el suplicio, la castigaba con un discurso sobre el ser y la nada y el destino y la justicia y la imposibilidad de no ser libres. Por entonces también hice mi primera huelga. Era una huelga por la libertad de expresión, porque acababan de formarle un consejo de guerra a un tal Boadella por una obra llamada *La torna*. Por supuesto, yo tenía la certeza de que estábamos defendiendo al autor de algún tostón letal, pero, aunque sabía que estaba haciéndole un daño tal vez irreparable al mundo, no me importó, porque aquella huelga se convirtió en una juerga durante la cual estuve a punto de hacerme Hare Krishna para complacer a una preciosa hippy de tendencias místicas.

Dejé la adolescencia y dejé de ir al teatro. Como no soy precisamente un genio, tardé demasiado tiempo en convencerme de que no había manera de ligar con Sartre, y de que además es de idiotas pagar por aburrirse. Una tarde, sin embargo, al pasar por un teatro vi un cartel que anunciaba una obra del tal Boadella: *Laetius*. Por curiosidad —o por nostalgia del existencialismo y la mística—, entré. Durante dos horas me reí, me emocioné, me exalté, y al terminar la función pensé que el teatro se parece a la poesía: hacerla es facilísimo, pero hacerla bien es lo más difícil del mundo; también pensé que, con la primera y última huelga de mi vida, había contribuido sin saberlo a hacerle un favor al mundo.

Muchos años después, sigo pensando lo mismo. Sobre todo después de ver el último montaje de Boadella: *Daaalí*. Mientras hago cola ante la taquilla del teatro, me acuerdo de que Julio Cortázar, que fue toda su vida un adolescente y que quizá por ello escribió algunas novelas medio existencialistas y medio místicas, sospechaba por sistema de todo aquel que sospechaba de Dalí, porque «hay contra Dalí un horror muy parecido a esa hipocresía sádica que se disfraza de horror hacia el verdugo». Por su parte, uno sospecha por sistema de todo aquel que sospecha de Boadella. Es verdad que, como Dalí, Boadella es un provocador y un histrión, pero cabe preguntarse si provocar y hacer reír no son dos de las pocas cosas decentes que todavía puede hacer un intelectual. Al entrar al teatro reconozco a un legendario jugador de balonmano de mi adolescencia, de nombre Jou, que en un partido legendario fue increpado por un espectador, «¡Jou, no tens collons!», a lo que Jou contestó bajándose los pantalones en plena pista y demostrándole al energúmeno que estaba equivocado. Pienso que el gesto no hubiera desagradado a Dalí; tampoco a Boadella. Menos aún, al Dalí de Boadella. La obra es un delirio rigurosísimo realizado por alguien que tiene un sentido brutal del espectáculo, y también un férreo ejercicio de libertad de quien sabe que la libertad en el arte es una estafa: por eso el Dalí de Boadella es un Dalí del todo verosímil, sorprendente y familiar al mismo tiempo, alucinado y conmovedor, libérrimo y riguroso e hilarante, tozudamente inmune al tópico. En algún momento de la obra, Dalí afirma que Dios se equivocó al hacer a los hombres —que son blandos por fuera y duros por dentro— y declara su amor por los crustáceos —que son duros por fuera y blandos por dentro—, y mientras le oigo pienso que quizá Dalí fue un adolescente eterno y un enorme crustáceo y que en el Dalí de Boadella no sólo hay un retrato y un homenaje al pintor, sino sobre todo una lección moral.

Después de dos horas de risas y exaltaciones, salgo del teatro diciéndome que tengo que ir más a menudo al teatro, con ganas de montar a la mínima una huelga que sea también una juerga, y cuando veo en el hall al balonmanista legendario estoy a punto de gritarle: «¡Jou, no tens collons!», más que nada para ver qué pasa, pero, como ya hace tiempo que dejé de ser un adolescente y me he reblandecido por fuera y me han salido callos por dentro, recapacito y me abstengo. Un poco avergonzado, pienso en Dalí; luego pienso en Cortázar, que escribió: «Genio es aquel que se lo cree y acierta.» Yo no sé si Dalí fue precisamente un genio —o si fue sólo un loco que tuvo la genial idea de creerse Dalí—; sé que se lo creyó, y sobre todo que ésa es la primera condición para ser un genio. En cuanto a Boadella, está claro que se ha creído que Dalí fue un crustáceo. Y que ha acertado. *Daaalí* no es una apología de Dalí: es una apología del crustáceo.

UNO DE LOS NUESTROS

Hace veinte años Gerona era la ciudad más triste del mundo. De día estaba saturada de curas y de lluvia, y de noche era una desolación de calles vacías y de bares escasos que cerraban a las doce, donde se refugiaban los pocos noctámbulos que se empeñaban en desafiar la desdicha de una ciudad sin futuro escuchando canciones de Rory Gallagher o Led Zeppelin. Es natural que nos conociéramos todos. Es natural que, de tanto vernos las caras, acabáramos pareciéndonos: todos queríamos comernos el mundo y éramos muy jóvenes y no teníamos un duro; mentiría si dijera que no éramos descerebradamente felices.

El otro día volvimos a vernos. Fue en la galería Expoart, de Gerona, donde se inauguraba una exposición de cuadros de David Sanmiguel. Estábamos todos, pero eso también es natural. Sanmiguel es millonario en amigos. A lo largo de su vida ha hecho casi de todo: ha ganado un concurso de belleza, ha montado una banda de rock cuando casi nadie montaba bandas de rock, ha estudiado filosofía y bellas artes, ha sido condecorado por Scotland Yard por haber colaborado en la captura de un peligroso delincuente internacional. Ya no vive en Gerona, sino en Barcelona (o, más exactamente, entre Barcelona y Londres). Por lo demás, cultiva una doble y desatinada pasión por la poesía y por el ciclismo: su poeta predilecto es Anacreonte («Ya tiene otra novia / Alexis el calvo»); su héroe, Miguel Induráin («Todo lo que sé sobre moral se lo debo a Induráin», me dijo una vez). Pero lo que a mí siempre me ha parecido más raro es que durante años haya combinado el ejercicio de la pintura con el de la crítica de pintura, lo que no sólo es insólito por sí mismo, sino también por el hecho de que sus críticas se entendían, cosa nada frecuente cuando de crítica pictórica se trata. Durante el *vernissage*, con una copa en la mano, le pregunto si le parece que para un pintor es útil escribir sobre otros pintores. Me dice que no sabe, pero que no lo cree. Le pregunto entonces que por qué lo hace él. «Porque me gusta —me dice, y, a modo de explicación, añade una frase de Auden, un poeta, claro—: Hay más naturalidad en comer ostras por placer que lentejas por principio.» Como sé que se ha visto envuelto en más de una bronca por meterse con los santones del abstracto y defender la figuración, le pregunto cómo anda la cosa. A Sanmiguel se le escapa un gesto de cansancio insondable, pero de inmediato lo esconde y, haciendo un esfuerzo visible por contestarme, me cuenta la historia de un comisario de exposiciones institucionales que sólo programa arte conceptual, pero que tiene su casa forrada de cuadros de epígonos de la escuela de Olot. «Raro, ¿no?» Pienso en las lentejas y en las ostras y, con la tercera copa de vino, vuelvo a mirar los cuadros. Son trece, doce sobre papel y uno sobre tela. Hay seis desnudos femeninos, algunos vagamente picassianos; en un cuadro un tipo está leyendo con una pasión desatinada una crónica deportiva; en otro hay un hombre contemplando un paisaje; en otro, magnífico, un hombre negocia una resaca entre las sábanas, bajo el sol de la mañana. Por un momento pienso en Induráin y me digo que la pintura de Sanmiguel es una pintura moral, porque habla de cosas que nos conciernen; por un momento se me ocurre, eufórico, que por fin uno de los nuestros va a comerse el mundo.

Cuando se acaba el *vernissage* nos vamos a cenar. Estamos todos. Se bebe y se come mucho. Nadie pide lentejas; yo me como unas ostras exquisitas. Al acabar, y a petición del respetable, Sanmiguel recita a la salud de Bill Clinton un poema de

Enric Sòria que se titula «Ars longa, vita brevis» y trata sobre la felación: «Recorde molt bé la seua llengua. / La seua suavitat, aquella manera / tan delicada i dolça d'acaronar / la verga, d'engrunçar-la».* Salimos conmovidos a la noche. Gerona no se parece en nada a la Gerona tristísima de hace veinte años. Las calles están saturadas de coches y de luces y de gente, pero no se ve un solo cura. No llueve. Y, aunque en cada esquina hay un bar, en ninguno suena Rory Gallagher; ni siquiera Led Zeppelin. Vamos cerrándolos uno a uno, y de repente me sorprendo en una terraza, ya de amanecida, con un café y un cigarrillo en las manos, imaginando cómo negociaré mañana la resaca, rodeado de los mismos noctámbulos de siempre (estamos todos: por un momento me parece incluso ver a Alexis, con su calva y su nueva novia), pensando en una Gerona remota y huérfana de bares y diciéndome que no todo cambia para mal, y pensando también, porque el amanecer devuelve la lucidez, que nadie se ha comido el mundo (ni es probable que vaya a comérselo ya), y que seguimos sin tener un duro y que ya no somos tan jóvenes, pero que hay que ser muy hipócrita para no reconocer que seguimos pasándonoslo descerebradamente bien, y hasta se me ocurre que es verdad que la vida es breve y el arte es largo, y además no importa.

---

* «Recuerdo muy bien aquella lengua. / Aquella suavidad, aquella forma dulce / y delicada de acariciar la verga, de acunarla.» (Traducción de Carlos Marzal)

DE GENERACIONES

Martí de Riquer es un hombre descomunal. No es muy alto, ni muy corpulento, pero cuando habla en público lo parece, porque expone hechos e ideas con un entusiasmo y una energía desaforados, igual que un caballero andante soltando mandobles a diestra y siniestra, y por eso uno, que todavía alcanzó a asistir a algunas de sus clases, y que es de natural pusilánime, salía siempre del aula un poco asustado, como si acabara de escapar de milagro a un peligro cierto. También la obra de Riquer es descomunal: como todo el mundo sabe, es uno de los grandes romanistas del siglo y una de las pocas personas verdaderamente indispensables que ha dado la cultura de este país. En cuanto a sus libros, hay quien dice que se leen como novelas; no sé. Lo que sí sé es que yo he leído muchísimas novelas más aburridas que algunos de los estudios de Riquer. Prueben con *Caballeros andantes españoles*; prueben con *Los trovadores*. O mejor: prueben con el último, *Quinze generacions d'una família catalana*, donde a lo largo de casi mil quinientas páginas Riquer repasa la historia de su familia desde el siglo ix hasta el xix, y donde encontrarán absolutamente de todo: cardenales, contrabandistas, militares, hacendados, dilapidadores, políticos, secuestradores, asesinos, eruditos, inquisidores y no sé cuántas cosas más. Un libro descomunal para una familia descomunal.

Voy a la presentación del libro al Palau Moja, en Portaferrissa, un edificio que fue propiedad del marqués de Comillas y donde vivió Mossèn Cinto Verdaguer. A la puerta me encuentro a mi maestro Alberto Blecua, que es quizá, con Francisco Rico, la única persona que sabe del *Quijote* casi tanto como su maestro Riquer. De hecho, me cuenta que está acabando una edición del *Quijote*. Mientras espero que empiece la presentación, me digo que en este país casi todo el mundo —lo sepa o no— es discípulo de Riquer, pero que unos lo son más que otros: sus discípulos directos siguen siendo descomunales, pero de los discípulos de sus discípulos mejor es no hablar. «Degeneraciones», me digo. Empieza la presentación. Jaume Vallcorba oficia de maestro de ceremonias. Está más contento que si fuera la novia; de hecho, es la novia, porque el libro se ha publicado en Quaderns Crema. Luego habla el padre Batllori, otro octogenario inverosímil, que recuerda el prodigio de síntesis con que Rubió i Balaguer saludó la primera edición de este libro: «¡Oh, oh, oh!». Pero no se conforma con eso, y a una velocidad salvaje empieza a jugar con ideas y datos e historias e hipótesis como quien saca conejos de una chistera. Por ejemplo: sugiere que tal vez los Riquer entroncan con los Borgia, otra familia descomunal. Un poco acomplejado, Ernest Lluch se sopla su flequillo yeyé y afirma que la cultura catalana se caracteriza por deber muchísimo a un número reducidísimo de personas, y que una de ellas es Riquer; también viene a decir que el libro no es sólo una monumental obra de historia, sino una obra de creación, porque un historiador que no sea al mismo tiempo un creador no es nada. Finalmente habla Riquer. Se limita a asegurar que él no tiene ningún mérito por haber escrito el libro; a continuación, porque este hombre no habla nunca a humo de pajas, pasa a demostrar, soltando mandobles a diestra y siniestra, que todo el mérito es de sus antepasados, que conservaban absolutamente todos los documentos de la familia, incluidos los billetes de lotería y las entradas del teatro.

Se acaba la presentación. Me voy a un rincón a tomar una copa con los discípulos de los discípulos de Riquer; con alivio compruebo que no soy el único pusilánime, porque todos tienen cara de susto. En ese momento se acerca Narcís Garolera, que también es discípulo de Riquer, y me dice: «En este mismo salón Mossèn Cinto se dedicaba a hacer exorcismos». Pego un respingo y salgo del Palau Moja con la sensación de estar escapando a un peligro cierto. En el metro, para tranquilizarme, empiezo a leer el libro de Riquer, y sigo leyéndolo al llegar a casa y mientras ceno y después de cenar, y cuando ya son las tres de la mañana y estoy a punto de llegar al final tristísimo de Borja de Riquer i de Ros, que dilapidó él solito una de las fortunas más caudalosas del país y que murió solo y aislado de su familia en Burdeos, me acuerdo de Agustí Fancelli, que asegura que este libro es lo más parecido que se ha escrito en catalán a *Cien años de soledad*, y me acuerdo también de que no hace mucho Jordi Llovet pedía a las autoridades competentes que propusieran a Riquer para el Nobel. A Fancelli quizá le hagan caso; a Llovet, me temo que no. Degeneraciones.

UNA VOZ PROPIA

Conduciendo de noche por la autopista, después de haber cenado con José Saramago, pongo la radio y oigo hablar a Luis Figo, que es el Saramago del fútbol portugués, y me digo que bruscamente la realidad se ha llenado de portugueses. Todo empezó hace unos días, cuando, mientras cenaba en compañía de unos amigos, apareció Luis Figo y de pronto me vi comentando con él la temporada del Barça, con un aplomo increíble y como si yo supiera algo de fútbol. Al día siguiente me llamó Josep Maria Nadal, que es el rector de la Universidad de Gerona y sobre todo un peligroso lusófilo; me dijo que Saramago iba a pasar unos días en Gerona y me invitó a cenar con él. Esa misma noche, mientras nos dirigíamos al Fornells Park, un hotel de las afueras de Gerona donde suelen celebrarse bodas y cosas así, Nadal me cuenta que Saramago ha venido a recoger el Premi Europeu de Comunicació i Relacions Públiques Jordi Xifra i Heras. Al llegar al hotel nos enteramos de que no vamos a poder cenar con Saramago, que está agotado después de pasarse el día hablando con periodistas y visitando el Museo Dalí; nos lo cuenta Pilar del Río, su mujer, una andaluza guapa y joven y conversadora con la que pasamos un rato charlando de política y de literatura y del Nobel y hasta de Bruce Springsteen.

Al día siguiente voy a la ceremonia de entrega del premio. Lleno hasta la bandera, como si Saramago fuera Luis Figo o Bruce Springsteen. En el acto hablan Jordi Xifra, el escritor Vicenç Pagès y Josep Maria Nadal, que dice que Saramago es uno de los últimos especímenes de una raza en extinción: la del escritor comprometido. Luego Saramago habla sobre el papel de los medios de comunicación. Dice que los medios no sirven para aclarar la realidad, sino para oscurecerla. Dice que los medios *crean* la realidad; y cuenta una historia. En un pueblo donde sólo hay un periódico, el ama de llaves que vive con el director del periódico le dice un día que ese año va a ser malo para la cosecha de patata. El director le dice que se equivoca, pero ella insiste, y al día siguiente el titular del periódico del director reza: «Excelente año para la cosecha de patata.» El ama de llaves le dice al director: «Tenía usted razón». Acaba la ceremonia. En un bar, mientras tomo el aperitivo, veo a Saramago en la televisión, paseando por el Museo Dalí. Mientras como, leo las declaraciones de Saramago en un periódico. Mientras doy clase, veo a un estudiante leyendo un libro de Saramago. Mientras espero a dos escritores con los que voy a cenar con Saramago, me acuerdo del ama de llaves del cuento de Saramago; también, de un libro de Saramago en el que se narra una extraña epidemia de ceguera que se apodera de una ciudad, y me digo que a lo mejor también se ha apoderado de Gerona otra extraña epidemia. Aparecen los escritores y vamos a la cena. Antes de llegar, uno de ellos habla de Pilar del Río y me dice que, al parecer, Saramago es muy celoso. En el hotel hay más escritores; tantos, que aquello empieza a parecerse a una boda. Me presentan a Saramago, que de cerca tiene porte de aristócrata austrohúngaro y cuerpo de campesino del Alentejo. Por si acaso, procuro no sentarme al lado de Pilar del Río. Durante la cena no se habla de política, sino de literatura; Saramago escucha con extrema atención, y me oigo hablar con un aplomo increíble, igual que si yo supiera algo de literatura. Saramago también habla, y su tono y su aire son de una humildad desarmante. Dice que lo mejor que le ha pasado en la vida es empezar a escribir tarde, cuando ya casi tenía cincuenta años, y que si lo hizo fue porque antes no tenía nada que decir; o lo que es lo mismo: porque no tenía una voz propia. Dice que no siempre es posible reconocer la verdad, pero siempre es posible reconocer la mentira. Dice que, para él, los tres escritores del siglo son Kafka, Borges y Pessoa, y que ninguno de los tres obtuvo el Nobel.

Se acaba la cena. Al despedirme de Saramago estoy a punto de preguntarle qué opina de Figo, pero no me atrevo, y ahora, conduciendo de noche por la autopista, oyendo la voz de Figo en la radio, me acuerdo de todas las cosas que han pasado en estos días que se han llenado de portugueses y, un poco cansado ya, cambio de emisora y oigo una canción de Bruce Springsteen y luego una voz conocida y humilde, aristocrática y campesina, una voz propia. La voz de Saramago.

LA SOMBRA DE CAÍN

Recuerdo muy bien la primera vez que oí recitar *Tres tristes tigres*. Fue hace muchos años, una noche en que Felip Ortega, que por entonces trabajaba en la Llibreria 22, de Gerona, empezó a leerme en voz alta listas de hombres ilustres (Américo Prepucio, Alejandro el Glande, Orgasmo de Rotterdam), trabalenguas y cosas de esa inmensa broma de casi quinientas páginas que es la novela. Yo creo que aquel día decidí que quería ser escritor, para poder escribir algún día una broma tan larga como *TTT*, una broma que además era una orgía de palabras y noche y música y mujeres y amistad y alcohol y nostalgia. No se me ocurrió nada mejor, para empezar, que leer todo lo que Guillermo Cabrera Infante había publicado hasta entonces (incluso lo que había publicado G. Caín, que fue el perverso disfraz que se puso cuando no le dejaron ser quien era). Más de una vez lo vi de lejos, años después, pero nunca lo sentí tan cerca como en una ciudad próxima a Chicago, cuando se me ocurrió echarme una novia preciosa que se llamaba Emma Solaún, cuyo padre inspiró, junto a su pandilla habanera de gamberros, algunos episodios de *TTT*.

Finalmente lo conocí. Fue en Gerona, hará unos cinco años. Aunque sé que yo había adquirido una vergonzante notoriedad entre mis alumnos por recitar con cualquier pretexto pasajes obscenos de *TTT*, lo cierto es que la responsable del par de días gerundenses de Cabrera fue la desaforada pasión cubana del rector de la Universidad, Josep Maria Nadal. Fue él quien me lo presentó una mañana. Cabrera estuvo muy amable, pero yo me puse tan nervioso que, por todo saludo, sólo acerté a recitar, en cubano, a voz en grito y gesticulando mucho, «La muerte de Julio César contada por Chicho Charol, limpiabotas de La Habana». A mí me parece que a Cabrera la cosa le hizo gracia, porque de inmediato pasó a contarme la historia de un amigo suyo, que se llamaba Piloto y murió en un accidente de aviación. Por la tarde todo se torció. Después de comer con algunos amigos me las apañé para acompañar a Cabrera y a Miriam Gómez hasta su hotel, pero estaba tan excitado cantando en plena calle una canción cubana que me equivoqué de hotel: en vez de llevarlos al Ultonia los llevé al Peninsular. Fue entonces cuando vi que Cabrera me miraba por primera vez de forma rara. Aterrorizado ante la perspectiva de arruinarle la siesta a uno de mis héroes literarios, salí corriendo en busca de mi coche, pasé a buscarlos por el Peninsular y los conduje hasta el Ultonia. Apenas media hora más tarde los recogía de nuevo; ya en el coche, Cabrera me preguntó: «¿Estás seguro de adónde vamos?». Dije que por supuesto y, para demostrarle que podía confiar en mí, aparqué justo delante de la Facultad de Letras, en una plaza vacía, a fin de que no tuviera que caminar. Asistimos entonces a un coloquio sobre la obra de Cabrera, en el que hice un uso abusivo de la palabra: trataba en vano de compensar a Cabrera por su siesta insuficiente, demostrándole que nadie en el mundo se sabía tan bien como yo *TTT*. En ese momento no supe leer la mirada cada vez más recelosa que se le estaba poniendo a Cabrera, pero cuando acabó el coloquio y salimos a la plaza y vimos que a mi coche se lo había llevado la grúa, le busqué los ojos y comprendí lo que estaba pensando: que se había dejado atrapar por un agente castrista oculto tras la apariencia inofensiva de un profesor chiflado cuya misión era amargarle su estancia en Gerona. El último acto del drama tuvo lugar algo más tarde. Caminábamos por la calle Santa Clara. Yo conversaba con Miriam; unos pasos más adelante, dándose de vez en cuando la vuelta para vigilarme, caminaba Cabrera. De golpe Miriam echó a correr, tomó del brazo a su marido y lo obligó a cruzar la calle; desde allí le señaló hacia arriba; yo también miré: justo encima del lugar por donde había estado a punto de pasar el escritor, unos obreros bajaban con una polea una mesa camilla, que al menor descuido le habría caído en la cabeza a Cabrera. Me volví hacia Miriam y Guillermo: me estaban mirando.

Eso fue todo. Al día siguiente Miriam se despidió afectuosamente de mí, mientras Cabrera se parapetaba tras una columna del hotel. Fue la última vez que lo vi. Desde entonces han pasado muchas cosas. Felip Ortega se hartó de andar entre libros y de desasnar amigos, y se dedicó a hacer dinero vendiendo electrodomésticos, hasta que la nostalgia le ha obligado a aterrizar de nuevo en la Llibreria 22. En un rapto de lucidez, Emma Solaún decidió no destrozar su vida casándose conmigo y optó por un judío multimillonario, del que según creo acaba de separarse; de su padre no he vuelto a saber nada. Parece que a Cabrera —que por fortuna nunca ha tenido necesidad de resucitar a G. Caín— le han dado ahora el Cervantes, pero yo la verdad es que no acabo de creerme que ese premio, que Cervantes nunca hubiera obtenido, se lo hayan dado al autor de la novela más genialmente irreverente que ha conocido el castellano de este siglo. En cuanto a mí, aquí me tienen: escribiendo crónicas.

LOS MUERTOS

FINAL DEL JUEGO

Muchos de ustedes se habrán dado cuenta hace tiempo, pero yo sólo lo he advertido cuando mi hijo se ha obsesionado con ellos. Los futbolines están desapareciendo. Hace veinte años, en mi ciudad, los había por todas partes, pero el sábado pasado tuve que recorrerla por entero para dar con uno. Estaba en un bar de un barrio extremo, un bar anacrónico donde sonaba una canción anacrónica de Pete Seeger que de golpe me pareció la canción más triste del mundo, porque en ella se habla de los jóvenes soldados que fueron a la guerra y que ya no volverán. Mientras jugaba al futbolín no pude evitar pensar en la época en que por todas partes se oía la canción de Pete Seeger, que era la misma época en que la ciudad estaba llena de futbolines. Inevitablemente pensé en los *gatas*.

Los *gatas* eran los reyes del futbolín. Venían de barrios extremos, con sus motos de escándalo y sus andares de banderillero y su invariable uniforme: zapatos de tacón, pantalones de tergal muy anchos en los tobillos y muy estrechos en los muslos, media melena pétrea y rizada y patillas de bandolero decimonónico. También lucían un ajustadísimo niqui que, al menor movimiento, descubría su ombligo charnego. Ese ombligo era la clave: de ombligo vino ombliguillo; de ombliguillo vino ombligata; de ombligata vino *gata*. El prototipo del *gata* —su quintaesencia— era Moreno. Moreno iba a mi colegio; todos le temíamos y le admirábamos: era el rey del futbolín y de los autochoques y andaba con mujeres y tenía una moto y no mentía nunca, porque no tenía miedo de nada ni de nadie. Era un hombre libre. Nunca me atreví a hablar a solas con él, pero no he olvidado que una mañana, en el bar del colegio, al ir a empezar una de sus historias, soltó: «Bé, ara que follem de tant en tant...». Se hizo un silencio sólido, y Moreno no continuó su discurso hasta que quienes lo rodeábamos, adolescentes vírgenes de familia burguesa, le hubimos asegurado con nuestros cabeceos embusteros que sí, que por supuesto allí todo el mundo follaba de vez en cuando. Por aquella época yo descubrí algo que Moreno no sabía, y es que el padre de los *gatas*, su prototipo –su quintaesencia–, era Manolo Reyes, el Pijoaparte. Mucho más tarde supe que en Barcelona se decía que *Últimas tardes con Teresa* no la había escrito Marsé, sino Jaime Gil; el bulo, que debía de divertir bastante a Jaime Gil y a Marsé, no carecía después de todo de fundamento, porque fue Jaime Gil quien vislumbró a Manolo Reyes antes de que Manolo Reyes existiera cuando, en un poema que es también un paseo solitario por Barcelona, oye «a estos chavas nacidos en el Sur / hablarse en catalán», y concluye: «Que la ciudad les pertenezca un día». Pero, como Marsé, Jaime Gil sabía que a Moreno, que había nacido en el sur y hablaba en catalán, y a Manolo Reyes, que era un chava murciano y también nuestro Julien Sorel, la ciudad no iba a pertenecerles nunca.

Dejo de jugar al futbolín y me voy a la Llibreria 22, a comprarle un cuento a mi hijo. Allí me encuentro a Felip Ortega, librero y amigo desde los tiempos de los futbolines, que me habla de *Amuleto*, la última novela de Roberto Bolaño, donde se cuenta la historia de toda una generación de jóvenes latinoamericanos que fueron a otra guerra de la que no volvieron nunca. Luego hablamos de los futbolines y de los *gatas*, y Felip me alcanza una novela cuyo protagonista, dice, podría ser un *gata*. Leo el inicio de la novela: «Charolillo sólo se fiaba de su polla. Era lo único en el mundo que jamás le daría por el culo». Le contesto que un *gata* nunca hubiera dicho eso, y le pregunto si se acuerda de Moreno, que inventó la práctica tal vez ilusoria de la *autoenrectació*, también denominada *tancar el candau*. «Claro que me acuerdo —me dice—. Murió hace unos años. Lo encontraron en el váter de un bar, con una jeringa clavada en el brazo.» Entonces menciona a otros amigos y conocidos de la época, y mientras oigo sus nombres —la mayoría de *gatas*, todos de muertos—, no puedo evitar pensar en Azorín: «Vivir es ver volver». Porque Azorín se equivoca: vuelven algunas cosas, vuelven las novelas de Marsé y los poemas de Jaime Gil, pero no volverán los futbolines, ni los jóvenes de Pete Seeger ni los de Bolaño, ni por supuesto los *gatas*, todos soldados muertos en guerras de antemano perdidas. Y tampoco puedo evitar pensar en los cobardes adolescentes de familia burguesa que los sobrevivimos y que por eso ahora hablamos de ellos, y sobre todo en unos versos de banderillero que escribió Manuel Machado y que quiero pensar que a Moreno, que fue limpio y valiente y puro en lo puro, y a quien no le gustaban los versos, tal vez ahora —esté donde esté— no le disgustarían: «En la hora mala / de tu partida, compañero, / nos preguntamos unos a otros / cuándo nos tocará a nosotros».

CARLOS FUENTES Y LOS HÉROES

En los años sesenta empezaron a darse a conocer por aquí una serie de escritores que iban a poner patas arriba la narrativa contemporánea. Venían de América. Estaban poseídos por una ambición desatinada: querían ser al mismo tiempo Tolstói y Faulkner, Proust y Balzac. Excepto miedo, lo tenían todo: eran jóvenes y revolucionarios y cosmopolitas y cultos y guapos como galanes latinos de paso por Hollywood y, años más tarde, a la gente de mi edad nos sacaron de la adolescencia de un patadón y nos metieron en la cabeza la idea insensata de ser como ellos, de hacer libros y revistas, cosas. Eran los héroes. Carlos Fuentes fue uno de ellos. A Fuentes le debemos un puñado de novelas descomunales; la última se titula *Los años con Laura Díaz*, y el lunes se presentó en la Universidad Central.

Así que voy a la Central a ver a Fuentes. A la puerta, una anciana idéntica a la abuelita Paz me confunde con un conserje y me pregunta dónde se presenta el libro de Fuentes. Se lo digo. Llego al Aula Magna. En seguida aparece la abuelita Paz y se sienta a mi lado. Un poco nervioso, la veo sacar un libro —*La sonata a Kreutzer*, de Tolstói— y ponerse a leer. Luego se me acerca Noemí Montetes, que es profesora de la Central; lleva un libro de Balzac, *La prima Bette*, y se sienta a mi lado. De repente se me ocurre que es bastante curioso haber venido a oír a Fuentes, que quiere ser Tolstói y Balzac —y también Proust y Faulkner—, y verme encerrado entre dos mujeres que leen a Tolstói y a Balzac, pero no a Fuentes. En ese momento aparece Fuentes. Sigue siendo culto y cosmopolita y hasta guapo, pero ya no es joven; tiene aire de galán otoñal: el pelo casi blanco, los ojos sin miedo, la nariz escarpada, la boca un poco circunfleja. Lo presentan Adolfo Sotelo, María José Sánchez-Cascado y Merche Serna. Luego Fuentes lee un pasaje de su novela; más que leerlo, lo recita: canta, gime, susurra, gesticula, grita, se ríe; en algún momento da la impresión de que va a levantarse y a echarse a bailar. Todo el mundo lo mira perplejo; la abuelita Paz también. Cuarenta minutos más tarde, Fuentes sigue con su recital. En ese momento, le oigo decir a la abuelita Paz: «Bueno, ya estoy harta de Laura Díaz». La gente se vuelve y me mira; me ruborizo, pero de inmediato reacciono y, sin el menor escrúpulo, señalo con un dedo acusador a la anciana, que se levanta y se larga. En un instante de pesadilla, imagino que la gente empieza a marcharse y yo acabo quedándome solo en el Aula Magna, mientras Fuentes sigue recitando incansablemente. Por fortuna, me equivoco: como si también él hubiese oído a la abuelita, Fuentes acaba su show y el público se pone en pie para aplaudirle, igual que si fuera un actor de Hollywood.

Al acabar el acto la gente se arremolina en torno a Fuentes. En algún momento, veo a Noemí Montetes y a Fuentes cantando a dúo una canción mixteca, y luego aparece Enrique Turpin y me dice que la única revista que he contribuido a montar en toda mi vida acaba de irse al garete. Para levantarme la moral —y supongo que también con la secreta intención de que se me pegue algo—, Merche Serna y María José Sánchez-Cascado me invitan a cenar con Fuentes. Por supuesto, yo me acuerdo de Proust, que decía que un aprendiz de escritor que se acerca a un gran escritor con la idea de aprender algo es como un enfermo que sale cada noche a cenar con su médico con la idea de que así va a curarse; pero acabo aceptando. Mientras esperamos, alguien menciona el hecho de que a Fuentes acaba de morírsele un hijo, alguien elogia la entereza de Fuentes. Entonces, no sé por qué, pido un móvil y llamo a mi casa; nadie contesta. Nerviosísimo, me olvido de la cena con Fuentes, salgo de la Central, paro un taxi, me planto en mi casa. Mi mujer y mi hijo acaban de llegar: habían salido a cenar, como dos novios. Feliz, me despatarro en el sofá y pongo la tele; le oigo decir a Lloll Bertran: «Entre la pena y la nada, elijo la pena». Como yo no sabría qué elegir, y como además me parece el colmo de la rareza oírle a Lloll Bertran una frase de Faulkner, apago la tele y cojo un libro, un libro de Tolstói, claro. Leo: «El hombre no puede poseer nada mientras tema a la muerte. Todo pertenece a quien no la tema». Entonces pienso en los ojos sin miedo de Fuentes y en la entereza de Fuentes, en que él no puede elegir entre la pena y la nada, porque la nada y la pena le pertenecen por igual. Pienso que un héroe es quien no le teme a la muerte. Pienso en Bioy Casares, que fue uno de aquellos héroes —el más apuesto y uno de los más duraderos— que me sacó de un patadón de la adolescencia, y que escribió: «En el camino de la muerte todos somos héroes».

UNA CANTIDAD INFINITA DE ESPERANZA

¿Qué piensa un hombre antes de quitarse la vida? Hay una cantidad infinita de esperanza, dice Kafka, sólo que no para nosotros. Nada nos impide imaginar a Walter Benjamin, a quien tanto gustaba esa frase, recordándola el 26 de septiembre de 1940, en una habitación del hotel França, en Portbou, horas después de que en la aduana le anunciaran que iban a repatriarlo y justo antes de administrarse la dosis de morfina que le ahorraría la desdicha de regresar a la Francia ocupada por los nazis. Huyendo de ella, Benjamin había llegado el día anterior a Banyuls, desde donde, guiado por Lisa Fittko y en compañía de Henny Gurland y del hijo de ésta, cruzó a pie la frontera y entró en España tras nueve horas de penalidades, enfermo y aferrado a una maleta que contenía las *Tesis de filosofía de la historia* y que, aunque se perdió a su muerte, conocemos gracias a que Georges Bataille conservó una copia. «Había nacido con mala suerte», dijo de él Lisa Fittko.

En Portbou todo el mundo conoce esa historia, o al menos ésa es la impresión que tuve hace unos días cuando fui a visitar la tumba de Benjamin en compañía de mi hijo y de mi amigo Enrique. El cementerio está enclavado en la ladera de una montaña que domina el pueblo. Frente a la fachada se halla el monumento a Benjamin, obra de Dani Karavan, una construcción de metal excavada en la roca, al fondo de la cual, tras un cristal, puede verse un mar transparente lamiendo los arrecifes; en el cristal se lee una frase de Benjamin: «Es tarea más ardua honrar la memoria de los seres anónimos que la de las personas célebres. La construcción histórica está consagrada a la memoria de los que no tienen nombre». Entramos en el cementerio. Aunque Benjamin fue enterrado en el nicho n.º 563, en 1945 sus restos fueron trasladados a una fosa común. Allí siguen, prestigiados por una lápida en la que están grabadas otras palabras de Benjamin: «No hay documento de la cultura que no lo sea también de la barbarie». Mientras persigo a mi hijo por el cementerio, Enrique me cuenta riéndose que, cuando se inauguró el monumento, la frase de la lápida, elegida al parecer por Jordi Llovet, no les gustó un pelo ni al embajador de Israel ni al representante del Gobierno alemán, pero la risa se le congela en la cara cuando ve que mi hijo se ha parado muy serio delante de un nicho donde figura un nombre exactamente igual al de Enrique. Salimos sin correr del cementerio, bajamos a Portbou y localizamos el hotel França. Es un edificio de paredes leprosas, con un portón de madera y un patio rodeado por una verja verde; está abandonado. Mientras miro el portón que Benjamin cruzó hace casi cincuenta años sabiendo que toda la infinita esperanza del mundo ya no era para él, Enrique charla con dos señoras de la familia González, que fue la que administró el hotel hasta que cerró. Aseguran que todo está más o menos igual que hace cincuenta años; también que, cuando iban a cerrar el hotel, el alcalde les dijo: «No lo hagáis. Es una institución en Portbou».

Caminando en busca de un bar, Enrique me cuenta que el alcalde, que se llama Paco Martínez y fue interior izquierdo del Barça, compró no hace mucho el antiguo edificio de la aduana, el mismo que pisó Benjamin, el mismo que se ve, al otro lado de la bahía, desde la terraza del bar Riky, donde nos sentamos mientras mi hijo juega a tirar piedras al agua y nosotros seguimos hablando de Benjamin hasta que una camarera nos interrumpe y, mientras le hacemos el pedido, nos cuenta que gracias al suicidio del escritor no sólo se salvaron Henny Gurland y su hijo, sino también muchos otros fugitivos, a quienes la red que Lisa Fittko y su marido organizaron a raíz de la muerte de Benjamin permitió huir de la Europa nazi; luego la camarera concluye: «De todos modos, habiendo tanto vivo de qué preocuparse, no sé por qué nos preocupamos tanto de los muertos». El comentario nos corta en seco la conversación, así que nos bebemos la cerveza y pagamos y nos vamos en silencio, viendo cómo cae la noche sobre la bahía, pensando que la camarera, que quizá ha leído a Benjamin, tiene razón y que es más difícil honrar a las personas que no tienen nombre que a las personas célebres, pensando en Henny Gurland y en su hijo y en todos los prófugos que nacieron con más suerte que Benjamin y salvaron la vida, y pensando también, como quien formula un deseo, mientras nos alejamos de Portbou y mi hijo se me ha dormido en el regazo, que hay una cantidad infinita de esperanza y que después de todo quizá una parte mínima sí sea para nosotros. Para alguno de nosotros.

UN SILENCIO DE JOSEP PLA

Se llamaba Joan Granés, y ahora se cumplen setenta años de su muerte, pero ya nadie se acuerda de él. Miento: se acuerda Xavier Xargay, que está escribiendo un libro sabio y puntilloso sobre los escritores de Palafrugell. Fue Xargay quien hará cosa de un mes me habló por primera vez de él; lo que me llamó la atención no fue que Granés fuera escritor y de Palafrugell y que muriera joven: fue que, siendo todas esas cosas, y además amigo de Josep Pla, éste, según Xargay, nunca lo mencionara en su obra. ¿Cómo es posible, me dije, que en toda la obra de Pla, que es una verdadera cartografía humana de la Cataluña de su época, no se hable ni una sola vez de alguien tan próximo a él? Convencido de que había gato encerrado, al llegar a mi casa consulté el índice de nombres de la *Obra completa* de Pla; el de Joan Granés no figuraba. A continuación empecé a preguntar a todo el mundo; nadie había oído mencionar nunca ese nombre. Por fin una amiga localizó la única alusión que Pla hizo por escrito a Granés; se encuentra en una de las cartas que escribió a su hermano Pere. La frase dice así: «¿Habéis visto la muerte de Granés? ¡Pobre chico!». No hay más.

Admito que a partir de ese momento mi curiosidad por Granés degeneró en obsesión. Desde entonces he averiguado algunas cosas sobre él. Nació el 3 de septiembre de 1905. Como Pla, estudió con los maristas; conocía el inglés, el francés, el italiano y el alemán; se sabía de memoria los poemas de Paul Valéry. Está claro que desde muy pronto quiso ser escritor, y en el año 27 llegó a Barcelona dispuesto a triunfar. Muy pronto entró en contacto con lo mejor de la intelectualidad catalana del momento; muy pronto se hizo un nombre como articulista, sobre todo por la serie de textos que publicó en la revista *La Nau*. El 6 de enero del 28, sin embargo, cogió la gripe; dos semanas más tarde moría en Palafrugell. En el archivo municipal de su pueblo se conservan varios manuscritos inéditos, entre ellos un espléndido ensayo acerca de Chaplin y un par de dietarios donde cita varias veces una enigmática frase de Valéry: «¿Cuál es el sello de la libertad realizada?». Más extraño es que, a la muerte de Granés, apareciese en *La Publicitat* una especie de necrológica de Valéry en la que éste declaraba su afecto por el joven escritor muerto. En cuanto a la amistad de Granés con Pla, debió de ser bastante estrecha: los dos primeros textos firmados por Granés son dos entrevistas con Pla que, casi con toda seguridad, el propio Pla había redactado; fue Pla quien presentó a Granés en el Ateneo y quien lo introdujo en *La Nau*; fue a manos de Pla adonde fueron a parar algunos de los manuscritos que dejó a su muerte Granés. ¿Cómo es posible, entonces, que en toda la obra de Pla nunca se hable de él?

Andaba yo el otro día haciéndome por enésima vez esta pregunta cuando me encontré con Xavier Pla, que no es descendiente de Josep Pla pero lo sabe casi todo de él. Lo llevé a rastras a un bar, le invité a un café, le hablé de Granés y de Palafrugell y de Chaplin y de Valéry y de Pla, y le hice la pregunta que llevo haciéndome desde hace un mes. «No sé», me contestó Xavier, mirándome como si pensara que en el silencio de Pla había gato encerrado. Luego se quedó pensativo. Por la ventana del bar vi que había empezado a llover, y de pronto me di cuenta de que llevaba un mes pensando en un escritor muerto y joven y olvidado por todos excepto por Xavier Xargay, y me puse tristísimo pensando en lo que Granés podría haber escrito y no escribió y en sus ilusiones de triunfar en Barcelona, y ya estaba pensando que nunca sabría por qué Pla no le concedió la mínima inmortalidad de aparecer en su obra infinita cuando el Pla que tenía delante, Xavier, me dijo: «Por miedo». «¿Qué?», pregunté. «Pla no escribió sobre Granés por miedo —aclaró Xavier—. Granés murió de gripe. A Pla la gripe le aterrorizaba. Ése es uno de los temas del *Quadern gris*: el miedo. El miedo al fracaso, el miedo a no llegar a ser escritor, el miedo a la vida; pero sobre todo el miedo a la muerte. La gripe era la forma más próxima de la muerte que Pla conocía. Pla nunca escribió sobre Granés porque hacerlo era convocar a la muerte.» No sé si la explicación me decepcionó un poco, pero mientras seguía oyendo a Xavier me pregunté si escribir sobre un muerto es un ejercicio siniestro, una forma, en efecto, de convocar a la muerte, aunque después de todo lo siniestro quizá sea escribir, escribir a secas, pues no es casi nunca otra cosa que entablar un diálogo con los muertos; pensaba en todo esto y entonces me acordé de la frase enigmática de Valéry y me dije que tal vez la muerte es el sello de la libertad realizada, y que Granés lo sabía. Fuera, mientras tanto, seguía lloviendo.

EL CABALLERO DE LA PAJARITA ROJA

Fue hace diez años. Yo entonces tenía una novia que se llamaba Mercè y era de Barcelona. Debía de gustarme mucho, porque, pese a que estaba seguro de que aquella invitación sólo podía ser una encerrona (con el patriarca acosándome a preguntas y yo mintiendo como un animal para ocultar que no tenía ni oficio ni beneficio), acepté pasar la fiesta de la Mercè con su familia. Llegué solo y, apenas me abrieron la puerta, una señora me puso una copa de cava en la mano, me dijo que se llamaba Mercè y empezó a presentarme a mujeres de edades diversas que indefectiblemente también se llamaban Mercè. Las habitaciones de la casa estaban llenas de bandejas con aperitivos y de gente que bebía y reía y charlaba; mi novia no aparecía por ninguna parte. Por un momento me pregunté si, con el nerviosismo, no me habría equivocado de casa; traté de consultarlo discretamente con un caballero que lucía una pajarita roja, pero no me dejó, porque empezó a maldecir las fiestas familiares. Por algún motivo pensé que el caballero era la oveja negra de la familia, y me sentí muy a gusto con él. Al rato apareció mi novia y me dijo que la señora que me había recibido en la puerta era su madre y el caballero de la pajarita su padre, y yo me puse tan nervioso que empecé a mentirle como un animal, a hablarle de mis diversos oficios y de mis múltiples beneficios, hasta que alguien nos interrumpió anunciándonos que la comida estaba lista.

Comimos y bebimos muchísimo; a las seis de la tarde todavía estábamos a la mesa. Para entonces ya habían empezado a llegar más familiares, más Mercès cargadas de flores y risas y regalos, y mi novia me dijo que empezaba la merienda, así que sacaron más cava y más licores y aquello duró hasta que el padre de mi novia se levantó y, tras un tintineo de cucharillas en las copas, hubo un silencio que él, como era el mayor de la familia, ocupó con un discurso muy breve en el que habló de lo maravillosas que eran las fiestas familiares y también de los que ya no estaban, y entonces se calló y la gente se puso muy triste, pero enseguida se animó y volvió al cava y a los bocadillos y a los canapés y a los pasteles, como si nadie quisiera que aquello fuera a acabarse.

Pero se acabó, claro. Yo quise repetir, así que decidí casarme con mi novia. Ya llevo diez fiestas iguales. Bueno, más o menos. Este año habrá también flores y comida y jolgorio, pero el caballero de la pajarita roja ya no está; tampoco la señora que me recibió con la copa de cava. Faltarán algunas Mercès; habrá otras nuevas. Por lo demás, sé que algún día, porque seré el mayor de la familia, me tocará hacer el discurso, y entonces es seguro que me acordaré del discurso que, en una fiesta familiar, hace Gabriel Conroy en *Los muertos*, me acordaré de ese discurso porque Gabriel habla en él, como lo hizo el caballero de la pajarita roja, de lo maravillosas que son las fiestas familiares, y también de que son tristes porque nos recuerdan a los que ya no están y nos anuncian que alguna vez nosotros tampoco estaremos. Pero todo eso, supongo, será dentro de muchos años.

EL ÚLTIMO POEMA DE BORGES

Para qué mentir: acepté una invitación a visitar Chambéry, una pequeña ciudad de la Saboya francesa, con el único propósito de visitar la tumba de Borges, que está muy cerca, en Ginebra. Así que, después de cumplir con los compromisos del caso, convencí a mi amiga Asun Pérez Hardinguey, que casualmente viajaba a Buenos Aires al cabo de poco tiempo, para que me acompañara hasta allí. Durante el trayecto, Asun me preguntó si a Borges le interesaba la literatura catalana; en vez de confesar la verdad, le conté que una vez Borges expresó su admiración por «el pito catalán», lo que no era un elogio del miembro viril de los catalanes, sino del *xiurell*, esas curiosas figuritas mallorquinas que se utilizan como silbato.

Al mediodía llegamos al Cimetière des Rois, donde está enterrado Borges; su tumba lleva el número 735. La lápida es de piedra cortada y sin pulir: en la cara delantera, bajo el nombre del escritor, las fechas de su nacimiento y su muerte y una cruz de Camelot, hay ocho guerreros y una inscripción: «... and ne forhtedon na»; en el reverso hay una nave vikinga, unos versos («Hann tekr sverthit Gram ok leggr i methal theira bert») y una dedicatoria: «De Ulrica a Javier Otálora». Asun me ha contado que, al verla, me puse nerviosísimo; sé que cuando logré calmarme le conté lo siguiente. En 1983 Borges hizo una gira por España; le vi varias veces; en la última, en Santander, un par de copas de coñac me animaron a hacerle una pregunta de extraordinaria complejidad, una pregunta que llevaba siete años meditando: «Usted ha dicho que su mejor poema es "El mar" y su mejor relato "La intrusa". ¿Es verdad?». Borges contestó: «Yo creo que "El mar" no está mal, pero mi mejor relato es "Ulrica"». «¿Por qué?», le preguntó uno de sus acompañantes, un poco perplejo. «Porque "Ulrica" fluye», contestó Borges. Bueno. «Ulrica» es el único cuento de Borges digamos erótico: narra un encuentro entre un profesor y una mujer llamada Ulrica, que concluye entre las paredes de la habitación de un hotel, donde «secular en la sombra *fluyó* el amor». «¿Sabes cómo se llamaba el profesor?», le pregunté a Asun. «Javier Otálora», dijo.

Cuando llegué a Barcelona yo ya estaba convencido de que la lápida de Borges era el último poema de Borges: pensé que en ella Borges y María Kodama –Javier Otálora y Ulrica– habían grabado el secreto de la vida del escritor, y me acordé de «Rosebud», esa palabra enigmática en la que estaba encerrado el secreto de la vida de Charles Foster Kane. Averigüé que la inscripción del reverso era el epígrafe que precedía a «Ulrica», averigüé que estaba escrita en sajón. Consulté con amigos borgianos; nadie conocía el significado de las inscripciones. Por fin, Enrique Vila-Matas me dijo que el único escritor argentino que había asistido al entierro de Borges era Héctor Bianciotti. Conseguí el teléfono de Bianciotti, lo llamé a París: me dijo que también él se había fijado en las dos inscripciones y que una vez le había preguntado a María Kodama qué significaban, pero que ésta le había sonreído y le había dicho que era un secreto entre ella y Borges. Bueno. Ya estaba a punto de admitir que el último poema de Borges no era un poema, sino un enigma irresoluble –lo que me pareció muy borgiano–, cuando me acordé de «La carta robada», un cuento de Poe en el que, después de que la policía se vuelva loca buscando una carta en los lugares más recónditos de un despacho, Auguste Dupin la encuentra en un obvio tarjetero, a la vista de todos. Nerviosísimo, cogí la más reciente biografía de Borges, que durante todas mis pesquisas había tenido delante de las narices: ahí estaban los dos epígrafes traducidos (el de «Ulrica» dice: «Él tomó su espada, Gram, y colocó el metal desnudo entre los dos», cosa que se entiende a la luz del relato; el otro es una exhortación al coraje: «… y que no temieran nada»). Ahí estaban los dos epígrafes traducidos y resuelto el enigma que no era un enigma, el último poema que Borges me tenía reservado convertido en la última broma de Borges, cosa que todavía me pareció más borgiana. Días después llamé a mi amiga Asun, que consiguió no reírse de mí cuando le conté cómo se había resuelto el misterio; por su parte, me dijo que había dejado una fotografía de la tumba de Borges junto a la tumba de la madre de Borges, en el cementerio de La Recoleta, en Buenos Aires, y me contó, muy feliz, que se había echado un novio catalán, que se iban a casar y que tenían proyectado ir de viaje de novios a Mallorca. Para mis adentros maldije el pito catalán, pero –para qué mentir– en voz alta sólo le pedí que me mandara un *xiurell*.

UN SECRETO ESENCIAL

Acaban de cumplirse sesenta años de la muerte de Antonio Machado, en las postrimerías de la Guerra Civil. De todas las historias de aquella historia, sin duda la de Machado es una de las más tristes, porque termina mal. Se ha contado muchas veces. Procedente de Valencia, Machado llegó a Barcelona en abril de 1938, en compañía de su madre y de su hermano José, y se alojó primero en el hotel Majestic y luego en la Torre de Castañer, un viejo palacete situado en el paseo de Sant Gervasi. Allí siguió haciendo lo mismo que había hecho desde el principio de la guerra: defender con sus escritos al gobierno legítimo de la República. Estaba viejo, fatigado y enfermo, y ya no creía en la derrota de Franco; escribió: «Esto es el final; cualquier día caerá Barcelona. Para los estrategas, para los políticos, para los historiadores, todo está claro: hemos perdido la guerra. Pero humanamente, no estoy tan seguro... Quizá la hemos ganado». Quién sabe si acertó en esto último; sin duda lo hizo en lo primero. La noche del 22 de enero de 1939, cuatro días antes de que las tropas de Franco tomaran Barcelona, Machado y su familia partían en un convoy hacia la frontera francesa. En ese éxodo alucinado los acompañaban otros escritores, entre ellos Corpus Barga y Carles Riba. Hicieron paradas en Cervià de Ter y en Mas Faixat, cerca de Figueras. Por fin, la noche del 27, después de caminar seiscientos metros bajo la lluvia, cruzaron la frontera. Se habían visto obligados a abandonar sus maletas; no tenían dinero. Gracias a la ayuda de Corpus Barga, consiguieron llegar a

Collioure e instalarse en el hotel Bougnol Quintana. Menos de un mes más tarde moría el poeta; su madre le sobrevivió tres días. En el bolsillo del gabán de Antonio, su hermano José halló unas notas; una de ellas era un verso, quizá el primer verso de su último poema: «Estos días azules y este sol de la infancia.»

La historia no acaba aquí. Poco después de la muerte de Antonio, su hermano el poeta Manuel Machado, que vivía en Burgos, se enteró del hecho por la prensa extranjera. Manuel y Antonio no sólo eran hermanos: eran íntimos. A Manuel la sublevación del 18 de julio le sorprendió en Burgos, zona rebelde; a Antonio, en Madrid, zona republicana. Es razonable suponer que, de haber estado en Madrid ese día, Manuel hubiera sido fiel a la República; tal vez sea ocioso preguntarse qué hubiera ocurrido si Antonio llega a estar en Burgos. Lo cierto es que, apenas conoció la noticia de la muerte de su hermano, Manuel se hizo con un salvoconducto y, tras viajar durante días por una España calcinada, llegó a Collioure. En el hotel supo que también su madre había fallecido. Fue al cementerio. Allí, ante las tumbas de su madre y de su hermano Antonio, se encontró con su hermano José. Hablaron. Dos días más tarde Manuel regresó a Burgos.

Pero la historia —por lo menos la historia que hoy quiero contar— tampoco acaba aquí. Más o menos al mismo tiempo que Machado moría en Collioure, fusilaban a Rafael Sánchez Mazas junto al santuario del Collell. Sánchez Mazas fue un buen escritor; también fue amigo de José Antonio, y uno de los fundadores e ideólogos de Falange. Su peripecia en la guerra está rodeada de misterio. Hace unos años, su hijo, Rafael Sánchez Ferlosio, me contó su versión. Ignoro si se ajusta a la verdad de los hechos; yo la cuento como él me la contó. Atrapado en el Madrid republicano por la sublevación militar, Sánchez Mazas se refugió en la embajada de Chile. Allí pasó gran parte de la guerra; hacia el final trató de escapar camuflado en un camión, pero le detuvieron en Barcelona y, cuando las tropas de Franco llegaban a la ciudad, se lo llevaron camino de la frontera. No lejos de ésta se produjo el fusilamiento; las balas, sin embargo, sólo lo rozaron, y él aprovechó la confusión y corrió a esconderse en el bosque. Desde allí oía las voces de los milicianos, acosándole. Uno de ellos lo descubrió por fin. Le miró a los ojos. Luego gritó a sus compañeros: «¡Por aquí no hay nadie!». Dio media vuelta y se fue.

«De todas las historias de la Historia —escribió Jaime Gil— la más triste sin duda es la de España, / porque termina mal.» ¿Termina mal? Nunca sabremos quién fue aquel miliciano que salvó la vida de Sánchez Mazas, ni qué es lo que pasó por su mente cuando le miró a los ojos; nunca sabremos qué se dijeron José y Manuel Machado ante las tumbas de su hermano Antonio y de su madre. No sé por qué, pero a veces me digo que, si consiguiéramos desvelar uno de esos dos secretos paralelos, quizá rozaríamos también un secreto mucho más esencial.

LA VALIENTE ALEGRÍA DE LORCA

Paseando por el barrio del Raval, entre niños que juegan al fútbol y jubilados que toman el sol maduro de esta tarde de otoño, me sorprendo frente al Centre de Cultura Contemporània, donde desde hace días puede verse una exposición que conmemora el centenario del nacimiento de Federico García Lorca. Me acuerdo entonces de que, al empezar este año de efemérides apoteósicas, me prometí no asistir a ningún acto que guardara relación con el invento nefasto de la generación del 98 ni con Lorca, y me acuerdo también de las objeciones que Ian Gibson y otros le han hecho a la exposición, y ya me estoy alejando del Centre de Cultura cuando me vienen a la cabeza todas las veces que he intentado en vano hacerme el interesante metiéndome con Lorca, quizá porque, como mucha gente de mi edad, durante demasiado tiempo fui incapaz de entender que el pintoresquismo andalucista de toreros y gitanos y guardias civiles y mujeres enlutadas y estériles no era más que la espuma de su mundo, los mimbres con que estaba construyendo un mito. Doy media vuelta y entro en el Centre de Cultura.

Lo primero que salta a la vista es la ambición de la muestra. Está ordenada cronológicamente, desde la infancia del poeta en Fuentevaqueros hasta su asesinato en Fuente Grande, junto al barranco de Víznar, pasando por Granada, Nueva York, Cuba y Buenos Aires, y por supuesto por el Madrid de la Residencia de Estudiantes y de la República, aquel Madrid razonable y cosmopolita y feliz y confiado, y sobre todo ignorante de la orgía de fuego y sangre que estaba incubando. Pero la exposición no sólo pretende dar una idea de la vida y la obra del poeta, sino también de la atmósfera en que se gestó. El acopio de material que se ha hecho es abrumador. Algunas cosas son muy conocidas; otras no tanto. Hay, por ejemplo, un desnudo magnífico de Dalí, de 1925, y cuadros y dibujos espléndidos de Benjamín Palencia, de Gregorio Prieto, del propio Lorca; hay un corto precioso de Juan Guerrero Ruiz, *Imágenes de la generación del 27*, y otro de Ernesto Giménez Caballero, y sobre todo uno titulado *El orador*, donde Ramón Gómez de la Serna –quien, como dice Andrés Trapiello, tenía aire de enanito torero y nombre de propietario de una churrería– dispara greguerías como quien echa cintas de colores por la boca e imita el canto del gallo y demuestra la utilidad del monóculo sin cristal. Pero lo que a uno más le conmueve es una carta que Lorca le envía a su padre en abril de 1920, con apenas veintidós años, desde la Residencia de Estudiantes, donde escribe: «La vida y el mundo hay que verlos con ojos claros y llenos de optimismo, y yo, papá, soy optimista y tengo mucha alegría»; y más tarde, justificando con el mandato terminante de la vocación su decisión de permanecer en Madrid, añade: «Cuando un hombre se coloca en su camino ni lobos ni perros deben hacer que vuelva atrás, y yo afortunadamente tengo para mí una lanza como la de don Quijote», y mientras leo todo eso me acuerdo de unos versos del *Llanto por Ignacio Sánchez Mejías* donde canta «tu apetencia de muerte» y «tu valiente alegría», y me digo que esa apetencia de muerte y esa valiente alegría son los dos impulsos que gobernaron su vida hasta que unos perros y lobos contra los que ni siquiera servía la lanza de don Quijote se convirtieron en una orgía de fuego y sangre que barrió su Madrid razonable y feliz y confiado, que convirtió a Giménez Caballero en un fantoche y mandó a Gómez de la Serna a un exilio sin dignidad y a él a una madrugada atroz en Fuente Grande, en compañía de un maestro de escuela y de dos banderilleros. En la última sala de la muestra está expuesto el certificado de defunción de Lorca, pero nada se dice de por qué lo mataron; en la penúltima se nos informa de que fue «el destino» quien impidió al poeta seguir trabajando. En fin.

Salgo a la calle. Se ha hecho de noche y hace frío. Los jubilados ya no están en los bancos, pero los niños siguen jugando al fútbol, y mientras camino de vuelta a casa, por esta Barcelona que nadie sabe lo que está incubando, feliz y confiada y después de todo bastante razonable y hasta cosmopolita, me acuerdo de Ian Gibson y me digo que la mejor prueba de la vitalidad de un escritor es que sea capaz de sobrevivir al martilleo hipócrita de las efemérides y las manipulaciones, y me digo también, pensando en otras palabras que Lorca escribió sobre Ignacio Sánchez Mejías, que, a pesar de todo, a pesar de los toreros y los gitanos y los guardias civiles y las mujeres de luto, tardará mucho tiempo en nacer, si es que nace, un andaluz tan claro, tan rico de aventura.

EL GUARDIÁN DE GREDOS

Su nombre era Mateo García López, pero todo el mundo le llamaba Mateo. Hace veinte años administraba la finca de Gredos, que era propiedad de la familia de unos amigos de mis padres y en la que pasé un par de veranos de mi adolescencia. No sé lo que hacía en invierno, pero en verano Mateo se instalaba en un chiringuito de tablas, en medio del Llano de Barbellido, desde donde en teoría controlaba el acceso a la finca; en la práctica se dedicaba a cobrar un peaje simbólico a los excursionistas, a vender bebida y comida, a orientar a los extraviados y a burlarse de todo el mundo, empezando por él mismo. A principios de siglo a algunos escritores españoles les dio por hacer metafísica a costa de las montañas de Gredos. Yo no sé si a Gredos eso le ha sentado muy bien; estoy seguro, en cambio, de que si Mateo, que conocía aquellos parajes como la palma de su mano, hubiera leído esos efluvios de lirismo místico se hubiera muerto de risa, igual que se moría de risa cuando alguna turista angustiada se acercaba al chiringuito preguntando por el servicio y él abarcaba la sierra entera con un ademán solemne antes de sentenciar: «De aquí a Ávila, señora, todo váter».

A Gredos llegábamos nosotros a principios de agosto y, como otros visitantes, plantábamos nuestra tienda de campaña en el Llano, en torno al chiringuito de tablas. Desde allí hacíamos excursiones, a través de la Garganta de las Pozas, a los picos que rodeaban la Laguna Grande; también montábamos a caballo y nos bañábamos en charcas de agua helada, de una transparencia inverosímil, bajo un cielo espectacularmente azul; a mí me gustaba mucho ayudar en su trabajo a Mateo. Lo mejor, con todo, eran las noches. Como solía hacer frío, Mateo organizaba en el chiringuito unas cuchipandas fabulosas a las que se apuntaba todo el que pernoctaba por los alrededores: montañeros, excursionistas, pastores, simples domingueros. Allí se bebía y se comía y se contaban historias reales o inventadas (sobre todo inventadas: al chiringuito se le conocía como La Catedral de la Mentira) y también se cantaba y se bailaba. Una noche, un pastor que se llamaba David, con cuyo hijo yo había hecho muy buena amistad, se puso a tocar una canción con el asa de un caldero, mientras un recién llegado se desesperaba intentando imitarlo; finalmente lo consiguió, claro: el recién llegado se llamaba Odón Alonso, y por entonces ya era un prestigioso director de orquesta.

Hace ahora veinte años que no vuelvo a Gredos. Me dicen (y yo lo creo) que ha cambiado bastante, pero que el agua sigue siendo de una transparencia inverosímil y el cielo de un azul espectacular. Excepto con los amigos de mis padres, que son todavía amigos muy queridos, tampoco he vuelto a encontrarme con las personas que allí conocí, ni siquiera con el hijo de David; bueno, a Odón Alonso sí lo he visto, de hecho todavía lo veo a veces, en televisión, muy atildado, dirigiendo con apasionada seguridad alguna orquesta, pero cada vez que eso ocurre no puedo evitar recordarlo sentado en un taburete del chiringuito de tablas, sudando mientras busca el secreto de una música rudimentaria en el asa de un caldero. En cuanto a Mateo, murió hace tiempo. Sé que más de una vez les preguntó a mis amigos por qué yo no volvía a Gredos; una vez incluso me escribió, pero no le contesté, seguramente porque andaba demasiado ocupado pensando en las mujeres y en ganarme la vida. Ahora tengo una mujer y tengo un sueldo, pero Mateo ya no está. En fin, todo esto es un poco triste, y también me apena pensar que él ya no podrá leer estas palabras. Aunque, después de todo, quizá eso sea una ventaja, porque ahora mismo, mientras acabo de escribirlas, puedo imaginarlo leyéndolas –esté donde esté– con esa misma cara solemne con que contestaba a alguna turista angustiada: «De aquí a Ávila, señora, todo váter».

COSAS RARAS

PASCAL Y LAS CARAS

En teoría, no hay en todo el planeta dos caras iguales. En teoría, nunca ha habido en toda la historia de la humanidad dos caras iguales. El hecho en sí es asombroso, pero (en teoría) inapelable. Por eso dice Bioy Casares que hay verdadero derroche de caras. Y quizá por eso, también, nos inquieta o nos humilla tanto que nos confundan con otra persona. A veces puede incluso llegar a ser peligroso. Hace unos años, en un teatro, conseguí a duras penas refugiarme detrás de mi mujer para que no me partiera la cara un novelista que, ofuscado, me había confundido con un crítico literario que había escrito con cierta reticencia sobre su última novela.

Desde entonces no he vuelto al teatro. Ni siquiera para ver *L'auca del senyor Esteve*. Y eso que Rusiñol se puso de moda el año pasado. Además de la inauguración del Teatre Nacional de Catalunya con *L'auca*, Margarida Casacuberta publicó su monumental *Santiago Rusiñol: vida, literatura i mite*, un libro indispensable para quien quiera conocer al artista, y en el Museu d'Art Modern de Catalunya pudo verse una exposición mucho más interesante y menos monótona de lo que la desaforada afición de Rusiñol por los jardines le hubiera permitido sospechar a uno. Es fama que en el hotel de Aranjuez donde murió, Rusiñol dejó, todavía en el caballete, un cuadro de un jardín a medio pintar; yo lo leí el otro día en las memorias de César González-Ruano, donde éste refiere también una anécdota rara. Al parecer, según le cuenta Miguel Utrillo, en un libro de la hija de Rusiñol sobre su padre se reproduce una fotografía que él se hizo con el pintor; lo curioso es que, siempre según Utrillo, en el libro se dice que quien acompaña en la fotografía a Rusiñol no es Ruano, sino Salvador Dalí.

Picado por la curiosidad (y porque además cualquier excusa es buena), telefoneo a Mita Casacuberta. Le pregunto si conoce el libro de la hija de Rusiñol; casi ofendida (por un momento he olvidado que Mita sabe más de Rusiñol que el propio Rusiñol), me dice que lo tiene en su casa. Le pregunto si hay en él una fotografía de Dalí y Rusiñol; me dice que sí y me invita a verla. En cinco minutos me planto en su casa de Pau Claris. *Introibo ad altare Mitae.* Mi amiga me abre la puerta, fresca, pelirroja, despeinada, urgente de erudiciones, y me enseña el libro y la fotografía. Al pie de ésta se lee: «Un retrato obtenido en la Librería Española de Antoni López. Al lado de Rusiñol, un huésped imprevisto: el pintor Salvador Dalí». Bueno: ahí tienen la foto; fíjense bien en ella. Está claro que el tipo se parece mucho a Dalí: no al Dalí de 1928, que es cuando, según Ruano, se hizo la foto (entonces era bastante más delgado y no gastaba bigote), sino al de los años cuarenta; está claro que se parece mucho a Dalí, pero también que es Ruano, y no Dalí: los labios son como los suyos, y la nariz y la barbilla, pero no los pómulos ni, sobre todo, los ojos. Perpleja, Mita empieza a sacar fotos de Dalí en los años cuarenta y las pone junto a la de Ruano, y mientras comprobamos su asombroso parecido a mí me entra una irreprimible risa floja. Muy molesta, Mita me pregunta qué me pasa; haciendo un esfuerzo sobrehumano por dejar de reír, le digo que no sé, y en ese momento me acuerdo de Pascal: «Dos rostros semejantes, que no tienen nada gracioso por separado, hacen reír juntos por su parecido». La frase me corta de inmediato la risa, y así evito que Mita me eche de su casa, y también preguntándole por Rusiñol y por Dalí; por mi parte le hablo de Ruano. A Mita la conversación parece interesarle, así que aprovecho que ha bajado la guardia y la invito a cenar; la treta funciona, porque acepta.

Salgo eufórico a la calle, y mientras subimos por Pau Claris ocurre algo increíble: aparece el crítico literario reticente con quien hace años me confundió el novelista energúmeno. Como acabo de publicar una novela de la que nadie ha dicho ni pío, por un momento dudo entre Mita y mi carrera literaria. Gana la carrera literaria. Abordo al crítico, me presento y, antes de mencionar como de pasada mi novela, me hago el interesante hablándole del día en que me confundieron con él, y de Rusiñol y de Dalí y de Ruano y hasta de Bioy Casares, y cuando ya estoy a punto de citar a Pascal noto que Mita nos está mirando fijamente, a mí y al crítico, y que le ha atacado una inconfundible risa floja que no puede reprimir y la obliga a dar media vuelta y regresar hacia su casa, sin despedirse siquiera, mientras a mí me entran unas ganas desaforadas de tragarme un ejemplar de mi novela y de partirle la cara al crítico, pero me vence el desconsuelo de ver a mi amiga caminando Pau Claris abajo, riéndose todavía, y sólo atino a pensar: *Ite, Mita est.*

LA PUREZA DE LA MEMORIA

Hace unos días, justo cuando salía de comer de un restaurante, me asaltó la certeza de que entre los comensales del local estaba también el poeta Pere Gimferrer; yo no lo había visto (o creía que no lo había visto), pero mi memoria me decía que estaba allí. Di media vuelta y volví a entrar en el restaurante: allí, efectivamente, estaba Gimferrer, con su sombrero, su paraguas y su abrigo de invierno. La memoria es un monstruo; uno olvida las cosas, pero ella no: simplemente las archiva. Unas veces te muestra enseguida lo que ha guardado, otras te lo oculta durante años; a menudo lo hace de acuerdo con su voluntad, y no con la tuya. Uno cree que tiene memoria, pero es la memoria la que le tiene a uno. No es raro que haya quien sienta la tentación de liberarse para siempre de ella: perder la memoria es perder el lenguaje y perder el lenguaje es perder la realidad y perder la realidad es perderse. «Si pierdo la memoria, qué pureza.» Por alguna extraña razón, durante años mi memoria ha atribuido este verso a Juan Ramón Jiménez; no lo es: es de Gimferrer. Me lo dijo el otro día Jordi Gracia, que lo sabe muy bien, porque hace unos años publicó una edición de *Arde el mar*. «De todas maneras —añadió, como si tratara de paliar mi desconcierto—, lo que queda si se pierde la memoria no es la pureza: casi siempre es la vejez. A no ser que la vejez sea una forma de pureza, que todo puede ser.» Esto también lo sabe muy bien Jordi, que está casado con Mercè Jódar, una neuropsicóloga que, entre otras cosas, se dedica a estudiar las alteraciones de la memoria.

Como soy un poco aprensivo, llamo a Mercè, le digo que tengo un problema, quedamos en un bar. Mercè escribió su tesis doctoral sobre los procesos de envejecimiento, pero cuando se dio cuenta de que entre el 60 y el 65 por ciento de las demencias seniles están causadas por el Alzheimer, su trabajo derivó hacia el estudio de esta enfermedad, uno de cuyos síntomas más visibles es la pérdida progresiva de la memoria. Por fortuna, funcionan ahora mismo en Barcelona varios centros que se dedican a la estimulación de esta facultad. Es el caso de los talleres preventivos que organiza la Diputación de Barcelona, o de centros privados como el recién creado Uszheimer, que se ocupa sólo de enfermos con demencia. Cuando aparece en el bar, Mercè viene de este último, donde está trabajando. Casi sin tiempo de saludarla le hablo de mi confusión entre Gimferrer y Juan Ramón. «No te preocupes —me dice—. Eso es normal: a partir de los veintinueve años perdemos constantemente memoria, porque se nos mueren unas cien mil neuronas diarias.» Presa de un ataque de angustia (y sintiendo en mi cerebro un rumor de escabechina), pido un whisky; Mercè pide un té. Hablamos del Alzheimer. Me dice que, en un número muy elevado de casos, la causa de la enfermedad es genética. «Pero hay cosas que la aceleran —dice—. El estrés, por ejemplo.» Para tranquilizarme, estoy a punto de encender un cigarrillo, pero entonces recuerdo algo que he leído y le pregunto a Mercè si es verdad que el tabaco preserva de la enfermedad. Dice que sí. Enciendo el cigarrillo y doy una calada deliciosa y un trago de whisky. «En cambio —añade—, el alcohol es fatal para la memoria. Quien bebe como un cosaco acaba con el síndrome de Korsakoff.» Trato de reírme, pero no puedo; aparto el whisky y pido una tila. Mi amiga me cuenta entonces la historia de un pastelero que, tras un accidente de moto, olvidó todas las recetas que conocía; también la de un respetable anciano que, después de otro accidente, contrajo una alarmante hiperactividad sexual: primero la disfrutó su señora, pero luego la padecieron las enfermeras que lo atendían y finalmente las vecinas y hasta los postes de teléfonos.

Salgo del bar deprimidísimo y, para animarme, Mercè me invita a cenar; no me apetece en absoluto, pero acepto, porque siento una urgencia inaplazable de estar en compañía de un médico. Montamos en su moto y, jugándonos literalmente la vida, en un plis plas nos plantamos en su casa de la calle Borrell. El trayecto me cambia la depresión por una taquicardia brutal. Jordi tiene preparada la cena, pero yo apenas pruebo bocado: me limito a fumar como un loco. Cuando acaba la cena, mi amigo saca una botella de mezcal, un licor que tiene una pinta fantástica, pero que yo ni siquiera me atrevo a oler y que en todo caso provoca en Jordi una euforia que le lleva a disertar sobre la coprofilia en la poesía de Gimferrer, y a recitar: «Amor, amor, amor (lo cantó Yeats), amor es el lugar del excremento». El verso me levanta de golpe la moral. «Eso no es de Gimferrer –digo, con toda la crueldad de que soy capaz–. Es de Juan Ramón.» Y me sirvo un vaso de mezcal y me lo bebo. Lo sabía: está riquísimo.

EL ARTE DE LA NEGATIVA

«¿Qué es un hombre rebelde? —se preguntaba Albert Camus—. Un hombre que dice no.» Uno, que de rebelde tiene poco, siempre ha admirado a la gente que sabe decir no. Por eso mi personaje literario favorito es el Bartleby de Melville, cuyo educado lema vital era el siguiente: «Preferiría no hacerlo». Y por eso, cuando me enteré de que Giovanni Albertocchi acababa de publicar un libro sobre el epistolario de Alessandro Manzoni en el que, entre otras cosas, estudia las argucias que inventaba el autor de *I promessi sposi* para decir que no, me faltó tiempo para comprarlo. El libro, que lleva un prólogo de Cesare Segre, se titula *Disagi e malesseri di un mittente*; lo leí de un tirón, comido de envidia, irritado por no haber escrito yo un libro así, en el que una erudición minuciosa está puesta al servicio de un relato preciso y apasionado, absorbente. Un día me encontré a Giovanni en los pasillos de la Facultad de Letras de la Universidad de Gerona, donde desde hace unos años da clases. Me puse mi cara de intelectual de altura, le dije que había leído su libro y que no estaba mal, añadí un par de comentarios suficientes; en vez de mandarme a la mierda, para mi asombro Giovanni me invitó a comer a su casa. Acepté. Aquel día hablamos mucho de Manzoni, que además de ser un rebelde era un romántico y un neurótico capaz de burlarse de sus propias neurosis, y hasta de su tartamudez; pero que sobre todo era un maestro en el arte de la negativa. Rechazó los honores con que le agasajaban duques, reyes, emperadores; durante años la poetisa Diodata di Roero lo persiguió para que le diese una opinión sobre su obra, pero no consiguió que Manzoni leyera ni uno solo de sus versos. Albertocchi estudia cómo esta tenaz reticencia constituye un sistema retórico, pasa a convertirse en una patología y finalmente en un síntoma de la progresiva extinción de Manzoni como escritor. Por lo demás, durante aquella comida comprendí por qué Albertocchi examina también en su libro las obsesiones epistolares de Manzoni (que le llevaron a utilizar a un grupo de amigos como carteros); él también es un obseso de las cartas. Con ellas le pasan cosas raras. A mí, que soy un devoto de Borges, a quien vi un par de veces de lejos, me sentó como un tiro algo que contó Giovanni. Parece que, cuando se casó, concibió la idea insensata de mandarle a Borges una participación de su boda, en la que además le pedía por favor que tuviera la amabilidad de enviarle como obsequio un ejemplar de sus obras completas. La historia me hizo reír a carcajadas, pero la risa se me heló en la boca cuando Giovanni me mostró el ejemplar de las obras completas que le había enviado Borges, con una cariñosa dedicatoria que me niego a reproducir aquí.

Acabé la comida hundido. Durante los días que siguieron hice todo lo posible por evitar a Giovanni; él se dio cuenta, claro, y una tarde en que me pilló tratando de darle esquinazo me propuso que fuéramos a jugar al tenis. Debo decir que como tenista me considero un hacha: comprendí que había llegado el momento de la venganza. Al día siguiente, en el Club de Tenis Pompeya, comprobé con satisfacción que el partido discurría por el cauce previsto: el primer set lo gané sin problemas. Me sentía aliviado y feliz; apenas me acordaba ya del libro sobre Manzoni, de la dedicatoria de Borges. Sin embargo, en un determinado momento me dejé arrastrar por la euforia, y de una volea salvaje mandé una bola a la copa de uno de los pinos que rodeaban la pista. La bola no volvió a caer al suelo. Perplejos –por un momento pensé que junto a Giovanni no sólo con la correspondencia pasaban cosas raras–, nos acercamos al pino: la bola estaba allí, suspendida entre el espeso follaje. Para conseguir que bajara, no se me ocurrió nada mejor que tirar una segunda bola, que también se quedó arriba. Y para hacer bajar la primera y la segunda, tiré también la tercera. Ninguna de las tres bolas cayó. Perdí el control: tiré la raqueta a la copa, y ya tenía en la mano un peñasco de tamaño considerable cuando Giovanni me rogó que me calmara y señaló al encargado de las pistas, que nos estaba mirando. Mi amigo me tomó del brazo y me llevó hasta el vestuario. En el coche, de vuelta a casa, Giovanni debió de verme francamente mal, porque, como quien receta un medicamento, me propuso escribir una crónica sobre su libro y sobre Manzoni y sobre lo que acababa de pasar. De golpe vi el cielo abierto: no sólo pensé en Manzoni sino que me acordé de Camus y de Melville y sobre todo de Bartleby; así que dije: «Preferiría no hacerlo». Pero está claro que el arte de la negativa no se aprende de un día para otro.

JASPERS Y LA FELICIDAD

Andaba yo el otro día por la calle en un estado de beatífica felicidad, silbando una canción y con las manos en los bolsillos, cuando me encontré a un antiguo condiscípulo de los Maristas de Gerona a quien hacía veinte años que no veía. «¿Qué haces?», me preguntó. «Nada —dije—. Silbaba.» «¿Tú también?», me preguntó. No entendí la pregunta hasta que me contó su historia. Mi antiguo condiscípulo se llama Carles Arbusé. Cuando acabó sus estudios de secundaria, Carles se puso a trabajar en la pequeña imprenta con la que su familia se había ganado desde siempre la vida, y hace tres meses, para celebrar el cincuenta aniversario de la empresa, decidió hacer un obsequio a sus clientes. Un obsequio original: un compacto en el que él silbaba canciones de Queen, de Roy Orbison, de Supertramp y de gente así; el disco se grabó a velocidad de vértigo, con unos medios muy rudimentarios, pero el resultado fue tan satisfactorio que una discográfica de Barcelona se encargó de hacer una edición más amplia. A partir de ese momento su nombre saltó a los periódicos, a las radios y a las televisiones; ahora tiene ofertas para actuar en un montón de sitios, y hasta está pensando en vender la imprenta y dedicarse de lleno a silbar.

El viernes pasado dio su primer concierto. Mientras voy en coche hacia el Teatre Nou de Salt, me acuerdo de que el último de mis antiguos condiscípulos que saltó a los periódicos, a las radios y a las televisiones fue un peligroso descerebrado histórico que se dedicaba a contar a quien quisiera escucharle las bromas increíblemente desagradables con que torturaba a familiares, amigos y antiguos condiscípulos. «Hemos mejorado», me digo. En el hall del teatro hay mucha gente. Al pronto no conozco a nadie, pero en seguida se me acerca un tipo completamente calvo y me dice que es un antiguo condiscípulo, a quien de inmediato recuerdo con una melena de león; luego es un tipo alarmantemente obeso el que se me acerca y me dice que él también es un antiguo condiscípulo, y de inmediato lo recuerdo saltando el potro con pasmosa agilidad. Mientras me esfuerzo por no preguntarme cómo me verán ellos a mí, comprendo que acabo de aterrizar en una reunión de antiguos alumnos; para contrarrestar el pánico, finjo una alegría desproporcionada, y al minuto trato de escabullirme, pero no lo consigo porque me corta la retirada un hermano marista a quien reconozco en seguida. «Está idéntico, el cabrón», pienso, pero no lo digo; recuerdo, en cambio, que aquel hermano enseñaba filosofía y que, ante cualquier problema que planteaba en clase, indefectiblemente acababa preguntando: «¿Qué opina Jaspers al respecto?». Nunca supimos qué demonios opinaba Jaspers, por supuesto, pero esta noche, muy orgulloso, y como quien revela un secreto, el hermano filósofo me recuerda que Arbusé descubrió su vocación en las misas del colegio, cuando sustituía a silbido pelado la escasez de instrumentos musicales.

Cinco minutos más tarde empieza el concierto. Cuando Arbusé aparece en el escenario, acompañado de una banda de músicos competentes, el público aplaude con entusiasmo, y a mí me llega intacto el horror de las fiestas de fin de curso de hace veinte años. Arbusé empieza interpretando «Paraules d'amor» y «My way»; se mueve poco y con cierta rigidez, pero para cuando silba «Stay», de Jackson Browne, y se da cuenta de que la gente —yo entre ellos— se rompe las manos acompañando sus silbidos, se anima y empieza a moverse como si quisiera imitar a Mike Jagger. De vez en cuando, entre canción y canción, alguien lanza un silbido que es más de burla que de admiración, y yo no necesito localizarlo entre el público para comprender que el histérico bromista descerebrado no ha querido perderse la cita, y empiezo a rezar con todas mis fuerzas para que los celos no le obliguen a reventar con alguna broma de pésimo gusto la actuación de su antiguo condiscípulo. Sin más contratiempos llega el final del concierto, y la gente —yo entre ellos— se levanta de sus asientos y aplaude a rabiar y lanza bravos como loca.

Salgo del teatro entusiasmado, y en el hall me reúno con mis antiguos condiscípulos, que ya no me parecen ni tan calvos ni tan obesos, y también con el hermano filósofo y hasta con el bromista descerebrado —que parece extrañamente apaciguado y contento—, y cuando me despido de ellos y me meto en el coche para volver a mi casa me sorprendo a mí mismo en un estado de beatífica felicidad, silbando «Stay» a pleno pulmón y preguntándome con verdadera curiosidad qué opinaría Jaspers al respecto.

PORTUGAL EN EL CORAZÓN

Le dan el premio Nobel a José Saramago. Mentiría si dijera que es un escritor que me entusiasma, pero aún así la noticia me parece magnífica, porque ya se sabe que el Nobel no es sólo el Nobel y que no premia sólo a un escritor sino también a un país y a una lengua. Es verdad que, puestos a premiar a un portugués, me hubiera gustado mucho que premiaran a Mário Cesariny, que escribió «Pastelaria», un poema que canta la alegría del coraje, y en el que se lee: «Al final lo que importa es no tener miedo: fijar los ojos frente al precipicio / y caer verticalmente al vicio». Que yo sepa, nadie acató mejor esa verdad que don Francisco de Aldana, uno de los mayores poetas del castellano y también capitán del ejército de Felipe II, a quien éste envió al rey Sebastián de Portugal como asesor militar. Según cuenta un compañero de armas del poeta, hacia el final de la batalla de Alcazarquivir, viendo el cariz de desastre que tomaban las cosas, el rey hizo llamar a Aldana y le pidió consejo. Aquel rey no era su rey, aquellos soldados no hablaban su lengua, aquel país no era su país, pero Aldana contestó: «Majestad, ya sólo es tiempo de morir», dio media vuelta y se perdió para siempre en el polvo del combate. Aldana murió como un valiente, que es la única forma alegre de morir; en cuanto al rey Sebastián, desapareció en el tumulto de la derrota, y desde entonces el mito de su regreso ha sobrevivido en la imaginación de los portugueses con tal fuerza que se convirtió en una especie de doctrina política. La cosa, ya lo sé, suena a chifladura, pero es que Portugal es un sitio bastante raro; tanto, que cuando la Coca-Cola quiso penetrar en el país y organizó un concurso para elegir un eslogan publicitario, fue Fernando Pessoa, que entonces era un escritor casi secreto, quien presentó el siguiente: «Primero estranha-se, depois entranha-se». La Coca-Cola no entró en el país hasta los años setenta, porque lo impidió Salazar; Pessoa, que fue un hombre raro y valiente y que además creía en el retorno del rey Sebastián, no ganó el concurso, pero ahora todo el mundo sabe que es quizá el poeta del siglo, aunque no le dieran el Nobel. Por lo demás, es indudable que, como la Coca-Cola, Portugal es un país que primero extraña y después se entraña.

El premio Nobel es como el festival de Eurovisión, que ya se sabe que no es sólo el festival de Eurovisión y que no premia sólo a un cantante sino también a un país y a una lengua. En los setenta, Portugal presentó al festival una canción que se titulaba «Portugal no coraçao», aunque su autor, por raro que parezca, no era Pablo Neruda, que también ganó el Nobel. Lo cierto es que hace muchos años que uno lleva a Portugal en el corazón. Por muchos motivos. Por ejemplo, porque, como dice Ignacio Martínez de Pisón, es el único país donde no hay pijos. Por el barrio de la Alfama, que es el lugar del mundo donde más me gustaría vivir, porque allí la gente parece hacer vida en la calle y nunca nadie tiene prisa y está lleno de restaurantes muy baratos y muy limpios donde sirven unas sardinas asadas y un vino blanco exquisitos. Porque para los españoles está tan lejos como la India (lo dijo Buñuel) y porque es un país de suicidas (lo dijo Unamuno). Por un bacalao a la Brás que me comí hace años en una casa de Azeitão, en compañía de mi mujer y de unos amigos muy queridos, y por un amanecer radiante que vimos días después, en una playa del Alentejo. Por don Eugenio Asensio, que fue el sabio que a mí me hubiera gustado ser y que se pasó toda su vida trabajando en silencio en el Instituto Español de Lisboa. Por Vasco Núñez de Balboa, por Eça de Queiroz, por Pessoa y por Mário Cesariny. Por José Afonso, que compuso «Grandola Vila

Morena», una canción que tiene el perfume exacto de la libertad. Pero sobre todo por mi amigo Pedro Carvalho, que se enamoró de una mujer y abandonó en Lisboa un piso y un sueldo y una familia y un futuro próspero y se vino a trabajar a una gasolinera de Bellcaire, por mi amigo Pedro, que es comunista como Saramago, y con quien estuve celebrando el otro día el Nobel, cantando a voz en grito «Grandola Vila Morena» hasta las cinco de la mañana, hablando de Saramago y del barrio de la Alfama, de Salazar y de Buñuel y de Pessoa, y también del capitán Aldana, que demostró para siempre que la única patria de un hombre valiente es su conciencia y que, a pesar de todo, Bellcaire es un sitio tan bueno como Alcazarquivir o como cualquier otro para fijar los ojos frente al precipicio y caer verticalmente al vicio.

NOTICIAS DEL PARAÍSO

La vida está llena de malentendidos. Al principio de *Con faldas y a lo loco*, Jack Lemmon y Tony Curtis se disponen a dar un concierto en una fría ciudad del Medio Oeste, pero, por un malentendido, acaban largándose a Florida ataviados de plumas. En esa fría ciudad del Medio Oeste, por un malentendido, me pasé yo dos años haciendo el indio, pero en todo ese tiempo no alcancé a ver un solo indio. Ahora estoy en un bar de Gerona, con un indio. Un indio apsaróka. *Apsaróka* significa «cuervo», pero a los apsarókas se los conoce en inglés como *crow*, cuando se los debería conocer como *raven*, que es como se dice «cuervo» en inglés. Por supuesto, lo de que los indios se llamen «indios» es otro malentendido que nos hubiéramos ahorrado si Colón no hubiera confundido América –que en realidad debiera haberse llamado Colombia y no América– con la India… En fin. El caso es que estoy en un bar de Gerona con un indio apsaróka. Se llama John Pretty-On-Top: durante años fue el encargado de los asuntos culturales de la nación apsaróka y en la actualidad es miembro del gobierno de su demarcación, y también el médico y jefe espiritual de su tribu. Como mi conocimiento de los indios se limita a las películas de indios, cuando llega el camarero le pregunto a Pretty-On-Top si le apetece un pelotazo de agua de fuego, que es como los indios de las películas llaman al whisky. Me dice que no bebe: muy serio. Un poco avergonzado, y preguntándome si sabrá lo que significa en mi idioma la expresión «hacer el indio», después de pedir dos aguas a secas le pregunto si le gustan las películas de indios, y él se ríe y me dice que sí, y ya estoy pensando que los indios de verdad se parecen muy poco a los de las películas –porque en las películas los indios nunca se ríen– y me dispongo a acosarle a preguntas sobre las películas y hasta sobre cómo curaría la medicina apsaróka el resfriado que llevo encima, cuando aparece Josep Maria Mallarach, que se ha pasado siete años estudiando las tribus indias. A Mallarach también le gustan las películas de indios, pero considera que no son sino una forma de calmar la mala conciencia de los americanos, pues la conquista del Oeste, dice, fue también uno de los mayores genocidios que ha conocido la historia moderna. «Se calcula que en 1500 vivían en Norteamérica cinco millones de indios; en 1918 quedaban trescientos mil. No está mal, ¿verdad?»

Una vez le preguntaron a Jimmy Baldwin, que no era indio sino negro, cómo reconocía a un racista. «Muy fácil –contestó–. Me subo a un estrado y empiezo a decir tonterías... no sé: Jack Kerouac es un gran escritor; si al final de la charla la gente aplaude, es que son racistas.» Estoy en la sede de la Fundació Universitat de Girona, donde Pretty-On-Top va a dar una charla, y mientras espero en la sala abarrotada de gente con cara de haber visto toneladas de películas de indios, rezo para que al indio no se le ocurra decir que es un admirador de Kerouac. Entra Pretty-On-Top ataviado con sus plumas, y Mallarach lo presenta con un discurso del que se desprende una visión un tanto paradisíaca de la vida de los indios antes de la llegada de los blancos. Luego Pretty-On-Top habla de su visita a España, que le ha parecido un lugar bastante paradisíaco. Pienso que a lo mejor aquí hay otro malentendido y que, porque no somos felices, tendemos a pensar que el paraíso está donde no estamos nosotros. Luego, en una hora de vértigo, Pretty-On-Top cuenta la historia de su pueblo, que es igual que una majestuosa película de indios contada por un indio, con sus jefes visionarios y sus batallas y sus traiciones shakesperianas, y a ratos también –como cuando narra un encuentro de representantes de diversas religiones en Asís

–igual que una comedia cuyo título fuera *Con plumas y a lo loco*. Presa de un ataque de mala conciencia, un señor le pregunta a Pretty-On-Top en el coloquio qué se puede hacer para ayudar a los indios. «Dejarlos en paz», contesta Pretty-On-Top, como si hubiera leído a Jimmy Baldwin.

Al acabar la conferencia voy a buscar mi coche. Intento ponerlo en marcha, pero no hay manera. Llamo al seguro. Me dicen que la grúa llegará en cinco minutos; hora y media después, helado y resfriadísimo y con fiebre, maldiciéndome por no haberle arrancado a Pretty-On-Top el remedio apsaróka contra los gripazos, veo aparecer la grúa y, un poco deprimido, le pregunto al mecánico por qué ha tardado tanto. «Un malentendido», dice. Más deprimido aún, le pregunto por qué no funciona el coche. «Porque se ha dejado las luces encendidas y se le ha vaciado la batería», dice. Deprimidísimo, pienso que esa sería una magnífica ocasión de mostrarle a Pretty-On-Top qué significa en mi idioma la expresión «hacer el indio».

UN EXPERIMENTO PELIGROSO

La costumbre nos arrebata el verdadero rostro de las cosas, dice Montaigne; y es verdad: basta mirar una cosa como si la viéramos por vez primera para que se vuelva fascinante. Hace poco un amigo mío asistió a un acto presidido por Jordi Pujol; nunca antes lo había visto actuar en directo, y salió convencido de que el original es infinitamente superior a la más sanguinaria parodia de Albert Boadella. Fue entonces cuando me hice esta pregunta: ¿qué pensaría un —digamos— machorro extremeño de los símbolos más tópicos de Cataluña, cuyo rostro verdadero nos ha sido arrebatado por la costumbre? ¿Qué pensaría del Barça? ¿Y de Montserrat? Como da la casualidad de que mi amigo, que se llama Roberto, es extremeño y ateo y bastante anticlerical, y como además no ha ido en su vida a Montserrat, decido arriesgarme a hacer el experimento.

Voy a Montserrat acompañado por Roberto y por mi mujer, que ese día luce unas preciosas medias de rejilla. Cuando empezamos a subir la montaña Roberto aparta los ojos de las piernas de mi mujer para fijarlos en el inverosímil amasijo de peñascos que, dice, parece concebido por un Gaudí que se hubiera vuelto chiflado, y en cuanto consigue aparcar en el santuario abarrotado y salir del coche está a punto de perecer de una sobredosis de oxígeno, pero logra reponerse fumándose tres Ducados de un tirón. Al entrar en una tienda de souvenirs forrada de estampas de la Virgen me acuerdo de un personaje de André Gide, que en un tenderete de la plaza de

San Pedro se dedicaba a pedir estampas de Dios, pero no cuento la anécdota por temor a caer fulminado por un rayo divino. Luego vamos al monasterio, donde tenemos una cita con Josep Massot i Muntaner. El padre Massot lleva treinta y seis años viviendo en Montserrat, pero su vida es todo menos contemplativa: bajo su apariencia escuálida esconde una energía de leñador que le permite dirigir cuatro revistas de cultura y una editorial; por si fuera poco, publica por lo menos un libro al año. Hay quien dice que los libros de Massot son novelas policíacas con notas; es una exageración: acabo de leer uno de ellos, en el que narra las andanzas del conde Rossi, un machorro boloñés que era también un fascista sanguinario, y puedo asegurar que hay novelas policíacas mucho menos subyugantes que ese libro. Así que pasamos el día con Massot, que se deshace en amabilidades tratando de sacar a Roberto de su perplejidad extremeña. Por ejemplo –le pregunta Roberto–, ¿qué pinta una virgen negra en un sitio que está a poco más de cien kilómetros del negro de Banyoles? Entre risas de niño malicioso, Massot nos explica que lo más probable es que la figura adquiriera ese color al ser restaurada tras la guerra de la Independencia. Cuando entramos en la sacristía Roberto le pregunta cómo es posible que todos los angelitos que están pintados en el techo tengan la misma cara que Raimon Obiols. «Porque los pintó su padre, Josep Obiols», le responde Massot. Al acabar de comer en la hostería del monasterio, Roberto remata la faena preguntando cómo es posible que esté tan malo el Aromes de Montserrat. «Joan Fuster juró no volver aquí para no tener que volver a probarlo», le contesta Massot.

De regreso a Barcelona, mi mujer cuenta que una de las revistas que Massot dirige, *Serra d'Or*, le concedió hace unos años el premio de la crítica a la más anticlerical de las obras de Boadella. La astucia del monje provoca una euforia inexplicable en Roberto y, como se siente más seguro porque respira mejor conforme nos acercamos al anhídrido carbónico de la ciudad, empieza a hablar, fascinado, de Montserrat y de Massot y a contar chistes anticlericales y hasta se permite apiadarse de Boadella, cuyas parodias, dice, serán siempre inferiores al original, y cuando entramos por la Diagonal la euforia y las medias de rejilla de mi mujer le despistan un momento y embiste a un coche del que sale enfurecida una señora que es idéntica a Pilar Rahola. Descompuesto, y pensando en los rayos fulminantes de la ira divina, salgo del coche y, mientras rellena los papales del seguro, la señora le pregunta a Roberto por la causa del accidente. En cuanto oye hablar a mi amigo de las medias de rejilla y averigua que es extremeño, a Pilar Rahola se le pasa de golpe la furia y mientras los veo charlar encantados e intercambiar teléfonos y quedar para tomar unas copas a mí sólo se me ocurre mirar con resignación las medias de rejilla de mi mujer y pensar, odiando un poco a Roberto: «Los experimentos, en casa y con gaseosa».

SOLAS

¿Qué es un diario? Se supone que un diario es un texto en que quien cuenta cosas es la persona que lo firma y en que las cosas que cuenta responden a la verdad de la experiencia del autor. Se supone, porque la realidad es distinta. La persona que narra en un diario —o por lo menos en un diario que aspire a la condición de literatura, que es la condición a la que aspiran todos los diarios— no es de hecho la misma que la que lo firma, sino una máscara que se pone el autor para contar elípticamente la verdad de su experiencia. No se escandalicen: *persona* en latín significa «máscara», y la máscara es lo que nos oculta, pero sobre todo lo que nos revela. O sea que el buen diarista —como el novelista, porque en el fondo del fondo toda novela es también de algún modo autobiográfica— miente para tener acceso a la verdad, mientras que el malo dice la verdad de los hechos, pero acaba mintiendo, porque es incapaz de tener acceso a la de la experiencia. Claro que todo esto es todavía más complicado, porque verdad y mentira no son valores literarios, y porque es cierto que novela y diario son ficciones, pero ficciones de naturaleza distinta... Bueno.

Como me parece que me estoy haciendo un lío, llamo a Anna Caballé y quedo para comer con ella. Anna es profesora en la Universidad de Barcelona y sabe mucho de diarios. Y no sólo de diarios. También de memorias y demás formas de la literatura autobiográfica. Hace unos años publicó un libro pionero sobre el tema, *Narcisos de tinta*, y desde hace otros tantos dirige la Unidad de Estudios Biográficos, un centro de investigación que se ha convertido en punto de referencia obligado cuando de estas cuestiones se trata. Apenas llega al restaurante, y antes de que me dé tiempo de preguntarle qué es un diario, Anna me cuenta una historia. Hará cosa de un año, Calvin Klein le propuso a Joana Bonet, la directora de la revista *Marie Claire*, organizar un premio literario que sirviera para lanzar un nuevo perfume. Bonet habló con Anna, y entre las dos decidieron montar uno de textos autobiográficos para mujeres. Dicho y hecho. El premio, que se llama Contradiction —que es como se llama también el perfume de Calvin Klein—, se convocó en mayo, y un jurado presidido por Ana María Matute lo otorgará en febrero. Le pregunto a Anna cuántos textos han recibido en la Unidad de Estudios Biográficos, donde se encargan de la preselección. «Esperábamos unos 300 o 400 —me dice—. Hemos recibido 2.350. Es verdad que, como suele decirse, en nuestra cultura hay tradicionalmente un rechazo a la expresión de la intimidad. Imagínate si no llega a haberlo.» Le pregunto de qué van esos textos. «De qué van a ir —me dice—. De hombres. También de la incomunicación, de la soledad, del desgarro entre la voluntad de independencia y el peso de una educación tradicional. Qué sé yo. Hay, eso sí, una imagen recurrente: la de una mujer madura que se queda sola en casa, por la mañana, cuando su marido y sus hijos se han marchado. Es la imagen de la desolación.» Le pido a Anna que me cuente alguna de las historias que ha leído. Agárrense fuerte, que vienen curvas. Una mujer cuenta que su marido acaba de suicidarse pegándose fuego en su casa; otra, que a los cincuenta y pico años, después de mucho tiempo de casada, descubre con incredulidad el orgasmo, mientras se está bañando; otra, que en defensa propia ha matado de un tiro a su marido; otra, que su padre montó un escándalo cuando nació ella, porque estaba convencido de que en el hospital le habían cambiado al varón que esperaba por una niña; otra, que su marido se ha fugado con su hija. También hay un par de historias de prostitutas que hablan con bastante alegría de su oficio y de su orgullo de profesionales eficaces. «Curiosamente —comenta Anna—, son casi las únicas historias felices».

Mientras oigo hablar a Anna me acuerdo de Maruja Torres, según la cual una mujer que no es feminista es como un obrero de derechas, y al cabo de un rato salimos del restaurante y nos despedimos y echo a andar hacia casa, un poco apesadumbrado, preguntándome cuántos obreros hay de derechas, y en ese momento me acuerdo de que no le he preguntado a Anna qué es un diario, ni le he hablado de las personas ni de las máscaras, de la verdad y de la mentira, pero también me doy cuenta de que a lo mejor no hemos estado hablando de literatura, sino de la vida, y aunque uno a veces no sabe muy bien cuál es la diferencia entre las dos —como tampoco sabe cuál es la diferencia entre una novela y un diario—, en el fondo del fondo sí lo sabe. Y todo lo demás no es que sea mentira: es que es literatura.

UN DESTINO LATINOAMERICANO

El 27 de noviembre de 1983, pocos días después de pronunciar en Barcelona una conferencia sobre Mario Vargas Llosa, a la que asistí, el escritor uruguayo Ángel Rama moría al estrellarse cerca de Barajas el jumbo en que viajaba. En ese accidente murió también Manuel Scorza, un prolífico novelista peruano del que me temo que en Barcelona ya casi nadie se acuerda. Nadie excepto Ramón Núñez, que trabaja de limpiabotas en la Rambla y que no deja pasar un día sin pensar en él, porque en *La tumba del relámpago* –una novela donde cuenta la lucha de los indígenas de Cerro de Pasco por recuperar las tierras usurpadas por las multinacionales y los hacendados– Scorza le convierte en un personaje de su ficción: el Seminarista. Oyendo hablar a Ramón Núñez, uno a veces piensa que, para él, el hecho de que Scorza contara en esa novela bienintencionada pero mediocre un episodio honroso de su juventud justifica de algún modo su vida, como si las palabras tuvieran el poder de dotar de sentido a lo que carece de él.

¿Qué hace un exsindicalista peruano trabajando de limpiabotas en Barcelona? Ésa es la pregunta que me hago mientras bajo hacia la Rambla a encontrarme con él. Antes de llegar me compro un libro de Chamfort, y poco después, frente al chiringuito de limpiabotas de Ramón, le oigo contar su historia. Nacido en Lima hace sesenta y tres años, Ramón ingresó muy joven en el seminario de Santa Eulalia, un pueblo cercano a la capital, y al salir de él se involucró en las luchas entre campesinos y hacendados, y por el norte y el centro del Perú anduvo durante años defendiendo el derecho de aquéllos a no ser despojados de sus tierras. Una vez —el episodio lo recrea Scorza en *La tumba del relámpago*— se vio obligado a enfrentarse a su padre, que al mando de un destacamento de policía trataba de desalojar la hacienda que los indígenas habían ocupado. Varias veces padeció la cárcel. Se casó y tuvo ocho hijos. En los años setenta dejó el sindicalismo y se trasladó a Lima. Allí empezó a ganarse la vida como vendedor ambulante, como taxista, como limpiabotas; también puso un bar. Como miembro de la Comisión Nacional de Asociaciones de Padres de Familia fue sometido a un consejo de guerra y encarcelado de nuevo. En 1986 consiguió un empleo de chófer en la embajada peruana de Tel Aviv; luego trabajó en la embajada francesa, y aprovechó una visita de Jacques Chirac para entregarle una propuesta pormenorizada para instaurar la paz en el mundo. Más tarde trabajó de albañil, y cuando estalló la guerra del Golfo se quedó sin trabajo y sin casa. Dormía a la intemperie, en la nieve, oyendo las explosiones de los scuds iraquíes. Intentó varias veces salir del país. Por fin, gracias a Abel Posse, un novelista argentino, amigo de Manuel Scorza, lo consiguió. Llegó a Barcelona sin un duro en el bolsillo. Aquí le dieron trabajo en la construcción del hotel Arts; luego hizo de barrendero, sufrió un accidente laboral y ahora sobrevive trabajando de limpiabotas. Hace unos meses, en plena Rambla, otro limpiabotas le pegó una paliza que lo tumbó durante doce días en el Hospital Clínico. Un juez ha impuesto al agresor una multa.

Cuando acaba de contarme su historia, Ramón me invita a la pensión donde vive. Le digo que no puedo ir, porque tengo una cena. Él insiste, y acabo aceptando. Caminamos Rambla abajo, él aferrado a su muleta, yo a mi Chamfort. La pensión está al final de la Rambla. Es un lugar sórdido. Ramón me pide que le espere en una habitación en penumbra, donde hay dos hombres viendo el telediario. El locutor habla de un padre que ha violado a su hija; también cuenta historias de apuñalamientos y asesinatos. Al rato aparece Ramón, cargado con un manojo de documentos; hay papeles firmados por notarios y por jueces, sellados con tampones; incluso está la propuesta de paz mundial que le entregó a Chirac en Tel Aviv. Mientras miro los documentos me digo que ahí está toda la vida de Ramón, que eso es todo lo que tiene, que alguien debería hablar de todo eso, aunque fuera en una crónica bienintencionada y mediocre, como si con ella pudiera darle algún sentido a lo que carece de él. Luego me despido de Ramón y me voy a cenar. Mientras espero a los demás comensales, pienso en Rama y en Scorza, que fueron marxistas. Pienso en Vargas Llosa, que lo fue y ya no lo es. Pienso en la gente de mi edad, que no tuvo tiempo de serlo. Abro el libro de Chamfort. Leo: «La sociedad está integrada por dos grandes clases: los que tienen más cenas que apetito y los que tienen más apetito que cenas».

DESPEDIDA Y CIERRE

Todo empezó hará cosa de año y medio. Por un golpe de suerte recibí en herencia un piso y, con lo que saqué de su venta, alcancé a pagar por los pelos a mis acreedores, de manera que pude seguir viviendo en esta ciudad sin tener que salir cada día de casa disfrazado de Charlie Rivel. Pero hace unos meses un amigo me informó de que, si antes de diciembre no había comprado otro piso, tendría que pagarle a Hacienda más de tres millones de pesetas. Al día siguiente, cuando salí del hospital bastante recuperado ya del soponcio, me puse a buscar piso. Por entonces se acercaban las elecciones municipales y, como uno aspira ante todo a ser un ciudadano ejemplar y no duda por tanto de la honestidad de los políticos (pues quien lo hace no es más que un demagogo irresponsable), no me cupo ninguna duda de que lo encontraría sin tardanza, porque no hay un solo programa electoral que no prometa el acceso a una vivienda digna.

Desde entonces he pasado por más de diez agencias inmobiliarias y he visto no menos de sesenta pisos. No soy un experto en el mercado inmobiliario barcelonés; pero creo haberme hecho una idea. El periódico la confirmaba el otro día: «El precio medio de los pisos en Barcelona se dispara y alcanza 29,5 millones de pesetas», rezaba un titular. Mi experiencia me asegura que el titular se queda corto. Lo cierto es que, si deciden ustedes comprar un piso medio, tendrán que contratar con su banco una hipoteca de al menos treinta y tres millones (treinta del piso más tres de gastos de compraventa);

suponiendo que su banco tenga la generosidad de no extorsionarlos −que ya es suponer−, eso significa que acabarán pagando al mes no menos de ciento sesenta mil pesetas, más por supuesto los gastos de escalera y contribución. Total: ciento setenta mil pesetas. Pónganse ahora en la piel de un buen burgués que cobra un sueldo del montón, que tiene una mujer y un hijo y que de vez en cuando se compra algún libro, porque no está dispuesto a convertirse en un analfabeto: este servidor de ustedes. ¿Me quieren contar cómo se pueden pagar ciento setenta mil pesetas al mes sin aficionarse a la práctica del ayuno? Pero supongamos −no es mucho suponer− que últimamente me estoy poniendo como un botijo y decido someterme a un salvaje régimen de forraje y liarme la manta a la cabeza y pedir la hipoteca. ¿Qué es lo que se puede comprar en Barcelona por treinta millones? Bien. Lo habitual es un agujero de unos ochenta metros cuadrados, con tres habitaciones sin apenas sol y ventanas que dan a patios de luces pestilentes donde resuenan las toses de los vecinos. Les aseguro que hay cosas mucho peores, pero no quiero ponerme truculento. Ése es el tipo medio de piso que yo he visitado durante meses, sin atreverme a mirar a la cara a mi mujer, pensando que mi hijo se me iba a morir de tristeza y de escorbuto encerrado en una de esas covachas infames, y pensando también en los políticos y los demagogos, y sobre todo maldiciendo los golpes de suerte, que no abolen el azar. Un día en que estaba considerando la posibilidad de entregarme a Hacienda esposado de pies y manos, como un ciudadano ejemplar, un agente inmobiliario, que no pudo aguantarse la risa al decirme el precio de uno de esos cubículos, y que debió de verme muy mal, me dio un consejo de buena persona. Al día siguiente llamé a un amigo, y una semana más tarde ya me había comprado, por menos dinero del que cuesta uno de esos desdichados zulos, una casita limpia, con luz y espacio suficiente y hasta con un jardín con barbacoa: el sueño de todo buen burgués.

Así que me largo a mi pueblo. La ciudad no es para mí. Viviré en el campo. Dejaré de respirar mierda. Dejaré de oír las toses de mis pobres vecinos y de oler las pestilencias de los patios de luces. Dejaré de oír villancicos por las calles, en Navidad, y de insultar durante todo el año a los retrasados mentales que no respetan los pasos de cebra. Montaré en mi jardín fiestas infantiles en las que apareceré disfrazado de Charlie Rivel, aunque mi mujer se esconda detrás de la barbacoa para no verme. Tendré largas conversaciones con las vacas. Dejaré de salir por las noches y de hacer el golfo. Dejaré de fumar y de beber y de drogarme y me convertiré al catolicismo, como John Irving, e, igual que Irving, me dedicaré a hacer deporte y escribiré novelas tan largas como las suyas. De vez en cuando volveré a Barcelona, pero sólo para saludar a los amigos estrujándoles las manos: así verán que estoy hecho un mulo. Mientras tanto, sólo puedo desearles que pasen unas felices vacaciones; aprovéchenlas, porque ya saben lo que nos espera a la vuelta. Bueno, a unos más que a otros. Je, je.

LA NOVIA PERDIDA

(A modo de epílogo)

¿Qué es lo que reclama, pues, Kierkegaard? Reclama la repetición de una vida que no vivió, la recuperación de la novia perdida.

Henri Lefèbvre

Yo no sé muy bien cuáles son mis libros favoritos. Es verdad que hay libros que he leído y releído muchas veces, pero –por raro que parezca– no estoy convencido de que sean los que más me gustan. Es natural, por otra parte, que los libros que uno prefiere no siempre coincidan con los que el gusto común o la tradición han consagrado; no creo que haya que desconfiar por sistema del primero, pero sí que conviene prestar mucha atención a la segunda, a menos que a uno no le importe incurrir en el señoritismo esnob de lo raro, que es una forma inversa de gregarismo. Hace muchos años cayó en mis manos el primer volumen de *À la recherche du temps perdu*; no pasé de las primeras páginas: la desazón enfermiza de ese niño desvelado porque su madre no acude a darle un beso de buenas noches me sumió en un aburrimiento que ningún lector hedónico es capaz de superar, así que, durante mucho tiempo, me dediqué a hacerme el interesante –porque cuando se tienen veinte años a uno le gusta mucho hacerse el interesante– proclamando que cambiaba toda la *Recherche* por las pocas páginas de «The killers» o de «El sur». Hará cosa de dos años, sin embargo, una casualidad me llevó de nuevo al primer volumen de la *Recherche*, y entonces la obsesión de ese niño hiperestésico se convirtió en mi obsesión y los ocho volúmenes de su aventura en una aventura moral que me mantuvo desvelado durante meses, y también en la experiencia más intensa que he vivido desde entonces. «The killers» y «El sur» siguen pareciéndome ahora dos obras maestras, y Hemingway y Borges dos de los narradores del siglo. Pero ya no soy capaz de imaginar el mundo sin Proust.

Porque, si bien se mira, lo que a uno le importa no son los libros en sí, sino la experiencia de los libros. Al fin y al cabo, éstos sólo existen en la medida en que alguien los lee, y por eso la época y el lugar y el estado de ánimo son muchas veces tan decisivos para explicar la huella que un libro ha dejado en nosotros como lo es la naturaleza del propio libro.

Recuerdo un mes de agosto de hace muchos años. Yo acababa de cumplir dieciocho y vivía en Gerona, que por aquella época era la ciudad más triste del mundo. Mi familia estaba de vacaciones; también mis amigos. Además, yo acababa de perder a una novia que me gustaba mucho. Me temo que no estaba en mi mejor momento. No escribía y, aunque incubaba la secreta ambición de ser escritor, ni siquiera tenía el coraje o la vanidad de reconocerlo, quizá porque estaba enfermo de Borges y de Kafka, y me daba mucha vergüenza la sola idea de aspirar a emularlos. De modo que, como tampoco podía salir a tomar copas, porque la vida nocturna de la ciudad vacía era nula, no me quedó más remedio que encerrarme en casa a leer. A decir verdad, no recuerdo haberlo hecho nunca como entonces, con el mismo encarnizamiento y la misma alucinada intensidad, exactamente igual que si me fuera la vida en ello; puede que esté equivocado, pero durante años he pensado que los libros que leí ese mes determinaron para siempre mi vida. Quizá por eso los recuerdo tan bien. La lista es caótica y disparatada, pero yo por entonces leía de una forma disparatada y caótica, que es como ahora sé que hay que leer. La lista es ésta: *Forewords and afterwords*, de W.H. Auden, y *De profundis and other essays* de Oscar Wilde; los poemas de Cavafis, en la traducción catalana de Joan Ferraté, y *The waste land*, de Eliot, con el comentario del mismo Ferraté; *Jacques le fataliste*, de Diderot, *Les faux-monnayeurs*, de Gide, *Rayuela*, de Cortázar, y *Tres tristes tigres*, de Cabrera Infante. Mientras copio la lista me sorprenden algunas cosas, pero sobre todo una, y es que, bajo su apariencia anárquica, me parezca reconocer una cierta coherencia. Sin duda es anecdótico que la recopilación de Auden contenga un par de ensayos sobre Wilde y Cavafis, pero ya no lo es tanto que casi todos hablen de la imposibilidad del amor —que es el tema de fondo de *The waste land*– y de la nostalgia hiriente de una vida plena, y es desde luego palmario el parentesco que une las cuatro novelas, porque las cuatro aspiran a su modo a ser *romans comiques*. Por lo demás, tampoco deja de sorprenderme que, siendo como soy más aficionado a releer que a leer, no haya sin embargo vuelto a alguno de los libros que entonces más me gustaron, como *Rayuela* o *Les faux-monnayeurs*, pero sospecho que es por miedo a que hayan envejecido demasiado. A la poesía de Cavafis, a los ensayos de Wilde, a las novelas de Diderot y de Cabrera Infante, en cambio, he vuelto muchas veces, y siempre con la misma mezcla de gratitud y asombro de la primera vez. Pero sé que sin uno solo de esos libros tampoco sería capaz de imaginar el mundo.

De todo eso hace muchos años, dieciocho exactamente. Desde entonces las cosas han cambiado bastante. Ya no vivo en Gerona, pero conozco bien el bullicio de su vida nocturna, incluida la de agosto. A la novia que perdí no he vuelto a verla, y ya no sé si me acuerdo de ella o sólo del recuerdo que tenía de ella. He aprendido a perder; de hecho, he perdido hasta la vergüenza, porque, aunque sé que no podré curarme nunca de Kafka ni de Borges, ya no me importa tratar de emularlos. Por eso me he atrevido a publicar unos pocos libros. Por eso y porque aquel verano aprendí para siempre que la literatura es una forma de vivir más intensamente, y también, como dijo para siempre Pavese, una defensa contra las ofensas de la vida; creo que también intuí entonces que escribir era una forma nueva y más honda de leer. No tardé en ponerme a ello, pero todavía me costó algún tiempo comprender que no podía aspirar a ser ni Wilde ni Cavafis, porque a lo máximo que un escritor puede aspirar es a ser él mismo. De todos modos, es posible que, de no haber leído ese puñado de libros en la sofocante soledad de un mes remoto de agosto, yo también hubiese sido escritor, porque uno no es lo que quiere, sino lo que puede ser; estoy seguro, eso sí, de que hubiera sido un escritor distinto. Nunca sabré si he salido ganando.

Papel certificado por el Forest Stewardship Council®